平等の哲学

新しい福祉思想の扉をひらく

竹内章郎

大月書店

はじめに

あまりにも馬鹿正直というか、つまらない言い方しかできないのだが、それでもあえて言いたい。本書は、反差別・反抑圧・反格差としての平等を目指して、真の平等や平等思想、つまり平等主義を大切にしたい、という思いから書かれている。

なぜ、そんな思いからか……。そこには、「年越し派遣村」に象徴されるように、不平等の蔓延や格差社会が問題にされながら、いまだに新自由主義が跋扈《ばっこ》し、多くの普通の暮らしをしたいと願う人々の厳しい現実がほとんど変わらず、それどころか、よりひどい状況に追いやられていることへの、私の大きな苛立ちがある。

もっとも、そうした差別的な日常を過ごし、あるいは日々そのような光景を目の当たりにしていては、不平等であることが人間の生きる社会にとって普通の姿に見えてしまうのは仕方がないのかもしれない。そうだとすれば、平等や平等思想や平等主義を大切に！　などという私の思いを主張しても、それは現実感の乏しい空理空論だと思われるかもしれない。

しかし、ここ数年、所得や資産などの経済格差、子どもの教育格差、正規か非正規かの雇用格差など、さまざまな格差・不平等の問題のあまりのひどさに、その解決を目指すべきだという声も、かなり聞かれるようになってきた。そうした声の背景にあるのは、最も簡単にまとめれば、平等な社会、すなわちみんなが平等であることを目指したい、という思いのはずである。平等を求める、その純粋で根源的な思いは、多くの人が肯定できるものであるはずだ。

にもかかわらず目指すべき平等の姿は、それほどクリアなものではない。そもそも「平等」と言ったとき、それが何を意味するのかはまったく千差万別で、「平等な社会」を語る政治家や、「平等論」を論じる学者の中にさえ、平等主義からすれば、不平等を自明視したり肯定したりする人々が山のようにいる。

それは、なぜか？　一見単純な真理に思われる「平等」は、じつはきわめて複雑な要素を含んでいるからである。

誰が不思議に思うだろうか、「平等と言えば、みんな同じってことでしょう」ということを。しかし同時に、「人は平等であって、また、人はそれぞれみな違う」、と言う人も多いだろう。こうしたことを考えてみればすぐわかるように、そこには、そう簡単にすますわけにいかない難しさがあることは、明々白々である。すなわち平等は同一でありながら、同一ではない場合もある、という一筋縄ではゆかないことを、じつは我々はすでにはっきりと知っている。知っているにもかかわらず、日常的には多くの場合、みんな同じという平等を一方で受け入れ、他方で、人がみんな同じなんてありえないという認識を曖昧なままに同居させるという離れ業をやってのけているのである。平等をめぐって、こんなおかしな離れ業を、なぜやっているのか、ということを問いだすと、平等とは単純なわかりきったことだ、という了解のおかしさも明らかになってくる。

だから本書で、少し立ち止まって、平等とは何かについてきちんと考えてみたいのである。少し思いをめぐらすなら、平等と一言で言っても、平等とは同一か否かといったすでに述べた点のほかに、①誰が平等で誰が不平等かという比較的わかりやすい問題（主体の平等）がまずはある。これは本書の第2章（六九頁）以下で、平等主体論と名づけた議論だが、次には、②何が平等で何がそうでないかという問題（客体の平等）をめぐって、平等客体論と呼ぶべき問いがある。さらには、①と②との連関がどうであれば平等なのか（③主体と客体との連関の平等）についての平等連関論という、やや込み入った議論が必要になることにも直ちに気づかされる。

加えて言えば、驚くべきことに、ダグラス・レイという研究者は、なんと七二〇通りもの平等概念があることを、その著『平等論』（バーバード大学出版局、未邦訳、一九八一年）で論証している――これについては、拙著『平等論哲学への道程』（青木書店、二〇〇一年）でかなり詳しく紹介・検討したので、参照いただければ幸いである。つまりは一言で平等と言っても、本当にたくさんの「平等」があるようなのだ。

本書は、このように一見やさしく見えるが、実は難しくきわめて多様な「平等」という問題を深く掘り下げ、まさしくラディカル（根源的）に考えていくことを課題としている。それは、冒頭でも述べたが、不平等が蔓延する社会にあって、少しでも平等を広め、実現するための理論的基礎づくりをするという意味を持つ。そのために必要な平等についての考え方――平等に関する思想的ないし理論的枠組み――を、まずは過去（伝統的平等論）にさかのぼり、平等主体論、平等客体論、平等連関論にそくして検証する。そして、ジョン・ロールズやアマルティア・センの仕事に代表される、平等に関する現代の到達点（現代平等論）を踏まえ、私なりの新たな平等論（新現代平等論）を構築するための見取り図を示したい。この見取り図は、まだまだ素描にすぎず、基本的な枠組みの概要といった段階だが、だからこそ読者のみなさんとともに、この奥深く豊かな平等の世界を考えていきたいと思う。

なおこのような、平等に関する思想的ないし理論的枠組みが中心の本書は、不平等な現実の実態分析を扱うものではない。もちろんそうした分析などを踏まえてはいるが、本書の中核は、流行りの業界（学会）用語を使えば、実態や現実に対して、あるべき平等を求める規範的な社会哲学あるいは規範的な政治哲学に属するものだということになるはずである。

目次

第1章　平等論の深化・拡大——「不平等と一体の平等」論の歴史……33

第2章　悪平等はなぜ生まれたか——伝統的平等論の意義と問題点……69

凡　例

一、参照・引用をした場合はその末尾に（　）内で、参考文献表であげた著者名・刊行年、または全集名・巻数と典拠を示し、必要に応じて［　］内に頁数を表記した。

二、引用文中の竹内による補記・注記は〔　〕内に記した。

三、（○○頁）と示してあるのは、本書の該当箇所である。

四、欧文文献については、翻訳のあるものは翻訳のみを参考文献表に掲載した。

五、翻訳のない欧文文献については、本文の当該箇所で、未邦訳と但し書きを付し、原著者や文献名の翻訳のみをあげ、参考文献表の末尾にまとめて原著名などを掲げた。ただし本書で使用したこれら欧文文献は、六九頁のヘーゲルのものを除き、その使用頁数も含めて、すべて既刊の拙著および拙論（『現代平等論ガイド』、『平等論哲学への道程』、『格差社会とたたかう』、『応用倫理学講義　七　問い』）で使用したものであり、その該当頁をそれぞれ記した。ただし、訳文は適宜変えてある。

序　章　平等はなぜ非難されるのか？

⑴自由・平等・友愛（共同）

自由・平等・友愛（共同）*、という言葉を聞いたことがある人は多いだろう。そして、これらの言葉に、全体としては良いイメージを持つ人も多いと思う。

よく知られているように、フランス国旗の三色は、それぞれ赤＝自由、青＝平等、白＝友愛を表しており、それらは、封建制度を打破したフランス革命*を象徴するスローガンとなっている。それらはまた、アメリカ〔独立〕革命と並ぶ欧米近代の幕開けを告げたスローガンでもある。

＊ 共同性の代名詞でもある友愛（仏語で fraternité フラテルニテ、英語で fraternity フラターニティ）については、ブルボン王朝との妥協を示すという指摘、あるいは「市民」ではなく「貴族の革命」としてのフランス革命の象徴という指摘もあり、また男性的友情のみを意味するという批判もある。なお本書では共同性については後出の「能力の共同性論」で若干ふれる程度で、本格的な展開はできない。

以後、自由・平等・友愛は、現代にまで至る社会全般の重要な考え方として、古典近代*や産業革命以降、すべての人ではないにせよ世界の大多数によって支持されてきた。だからこそ、欧米に限らず多くの国の政治制度や社会構造は、自由・平等・友愛（共同）を等しく重視してきた。そして、それらの実現を目指してきた。少なくともそのはずであり、そのはずだった。

＊ 古典近代とは、西洋哲学・思想史上の時代区分として、およそ一七世紀のデカルト哲学から、一九世紀半ばのヘーゲル学派の分裂の頃までを指す。

(2)平等だけがなぜ、非難されるのか？

だが現代、とくに二〇世紀末からの日本では、自由や友愛（共同）は重視される一方で、平等の評価は低く、むしろ否定・非難されることのほうが多い。なかでも格差や貧困の容認という点では、「自己責任」や「甘え」といった言葉で弱者が切り捨てられ、不平等が当然視されてきた。たとえば元首相の小泉純一郎は、「格差が出ることは悪くなく」、「成功者をねたんだり能力のある者の足を引っ張ったりする風潮を慎むべき」（二〇〇六年二月一日の国会参議院予算委員会）、と強弁した。

この小泉発言は、平等の重視は競争を否定し、競争こそが可能にする生産性や社会の活力を奪う、といったグローバル競争全般を擁護する平等非難なのである。もっとも、このように不平等を賞揚し平等を否定・非難するのは、新自由主義（一四頁以下）という不平等思想に基づく構造改革政策の中心人物だからこそのことではある。

しかし、平等を否定し非難するのは、前政権担当者たちだけではない。* 平等を重視すると、個人の個性を台なしにし、画一的でつまらない人間をつくりだす、平等に加担すれば、凡庸さを分かち合う低位平準化社会になり、平等とは悪平等になる……、だから平等は駄目だ、といった非難に、普通に暮らす私たち庶民も同意してこなかっただろうか。

＊ 二〇〇九年八月の政権交代で、新自由主義的政策が抜本的に転換したと考える向きもあるようだが、本書では現政権も新自由主義の強い影響下にあると考えている。

ここで問題なのは、自由と平等とを天秤にかける発想である。フランス革命期のスローガンとして同等に大切にされてきたはずの自由・平等・友愛（共同）は、なぜ、同時に追求できないこととして受けとめられるようになったのだろうか。

とくに現代では、平等を重視すれば自由が軽視・毀損《きそん》されるとして、平等は非難される（これら平等非難のすべてが本当は間違いだということについては、終章を中心に述べる）。だが他方、自由や友愛（共同）を重視したために非難の声があがることは、ほとんどない。少なくとも平等が非難されるようなことは、自由や友愛についてはまずない。

たとえば、行動の自由にせよ学問の自由にせよ、また思想信条の自由にせよ、可能な限りそうした自由を拡大しようという議論が間違いだと公然と発言する人は、まずいないだろう。他者の同等の自由を侵害しなければ人間には行為の自由がある、という考えを非難する人はいない。また、友愛（共同）による団結や、地域で共同しての子育て・教育や、共同での街おこし、などといった考え方には、賛同者・推進者はいても、反対者はまずいないだろう。

もちろん、自由についても、人の迷惑を顧みない勝手気ままな放縦（自由）とか、莫大な財産所有者の金の力に任せたふるまいなど、過度な自由が非難の対象となることはなくはない。たとえばライブドア事件や村上ファンド事件などにそうであったように。また、共同（友愛）についても、昔の村社会の共同体規制のように、個人の自由を奪う共同体の強制力が非難されることはある。こうした共同はご免被りたいと思うのは当然だし、勝手気ままで他人の迷惑を顧みない自由も願い下げだろう。とはいえ、自由や共同に比べると、平等はあまりにも貶《おとし》められ非難されすぎなのである。

(3) オピニオン・リーダーたちの平等非難

このような状況を助長する財界人やオピニオン・リーダーとしてマスコミに登場する学者の存在を、見過ごすわけにはいかない。

たとえば『経済審議会答申』は、機会の平等*を提起しつつも、それが所得格差（不平等）を拡大することを正当化して次のように言う。「成功者と失敗者の間で所得格差が拡大する可能性があるが、挑戦とそれにともなうリスクに相応する報酬は正当な評価であり、それによる格差は是認される」（経済審議会、一九九九）。

＊ここでの機会の平等論は、一見平等を主張していそうに見えるが、特定の起業営利に有利なもので、結果の不平等と一体であるなど、本来の平等思想を意味しない。機会の平等については、第3章で詳論する。

格差拡大を認めて平等を否定するこの議論は、当然、社会保障の大削減や「弱者」救済策の事実上の放棄と一体となる。そうした議論を、「経済戦略会議」や「規制緩和小委員会」などを担った竹中平蔵や中条潮などは、ここ一〇年来主張してきた（斎藤、二〇〇〇［一九八以下］）。

たとえば竹中平蔵は、「世界じゅうで、どうしても格差が広がってしまうような圧力がある」、と不平等をあたかも変更不能な自然現象であるかのごとく自明視する。そして逆に、平等の大切さなど歯牙《しが》にもかけないのである（竹中、二〇〇六［二一八］）。

平等主義の視点からすると、格差を容認し平等を貶め非難している学者たちの発言も大問題だ（なお、膨大な格差容認論を批判的に手際よく整理した渡辺憲正の論文（渡辺、二〇〇七）を参照されたい）。

社会学者の山田昌弘は、格差や不平等がなければ社会が停滞するとして、「生活水準格差の存在や拡大自体が一概に悪いと言っているわけではない」（山田、二〇〇四［五三］）、と明言する。

よりあからさまに、「格差があること自体がわるいのではない……。『何でも平等』『みんなが一番』というのは、たんなる『悪平等』」（佐藤、二〇〇〇［七四］）だ、と言う研究者もいる。

さらに次のような、平等への悪意すら感じられる発言もある。

「平等という価値は自ら以外の価値のハイアラーキーを否定する。このことは『全員が同時にゴールする百メートル走』という愚かな思想を検討してみればすぐ分かる。それは、人々の多様性、価値の多様性、価値が伴う不平等をいっさい認めない、全員が等しく同一であることを強要する思想」であると、平等がすべて悪平等であるかのように非難し、「境遇や運における人々の多様性や不平等は、むしろ『いかに生きるか』の多様性と発展性の基礎である」（盛山、二〇〇〇［四四－四五］）と、人間の多様性には不平等が必須であるかのような論調で、不平等を肯定し平等を否定するのである。

以上の議論における重大な問題点は、差異や個性を不平等と同一視して、差異性を含む平等概念の存在を無視していることである。私などのものも含めて真に平等主義的な現在の諸議論は、差異一切を否定するような主張などまったくしてないのだが、それを、意図的に無視した暴論・謬論でしかないのである。

(4)平等とは同一性か？

差異や個性を不平等と同一視することが問題だと指摘したが、ここで、そもそも平等（equality）とは、いったいどんなことを意味するのかを考えてみたい。一般的には、「平等とは、等しい事柄、また同じということだ」、という理解が多いように思われるが、はたしてそれでよいのだろうか。

一見問題なさそうなこの平等＝同一性論は、しかし、それほど正しくはない。その点は、「全員が同時にゴールする百メートル走」を目指すのが平等思想だ、といった先述の平等主義非難の議論を思い返せば、ある程度は理解できるだろう。

もちろん、平等＝同一性論が正しい場合もある。フランス革命時の「人および市民の諸権利宣言」などの古典近代以来の市民法〔権〕*に典型的だが、少なくとも文言上・形式上においてそれは**、生まれや身分や財産などと無関係に、すべての人に同一に法（市民法）を適用し同一の権利（市民権）を保障することを意味したからである。

＊　一七世紀末からの市民革命期に成立し始めた市民法〔権〕は、一九世紀末に登場しだした社会法〔権〕に対置されるもので、移動・居住や契約や思想・学問の自由の権利、財産権などを保障するものであり、政治的権利を含む場合もある。大きくは市民法〔権〕は、市場での等価交換による貨幣の循環――労働・消費市場での価値獲得と支払いとが、一応は等価――が基盤で、本来はその成立に必要な多額の税金は無視されがちである。市民権を行使する際に必要な費用、たとえば自由な移動などに要する費用は、私有財産でまかなうものとされるからである（竹内、二〇〇六）。この私有財産が不足したり無所有の者への種々の再配分を基盤に、生存権保障を核とする社会保障法〔権〕に関連するものと労働法〔権〕に関連するものから成立するのが社会法〔権〕である。本書以下では、社会権について随所で言及するが、とくに第2章の平等客体論や（八四－一〇〇頁）、第1章の一九世紀末からの平等論に言及する際には（五四－五七頁）、市民法〔権〕と社会法〔権〕との関連をある程度詳しく扱うので留意されたい。なお本書での市民法と社会法との区分は、法学の私法と公法との区分には対応しない場合がある。

＊＊　「人および市民の諸権利宣言」は通常「人権宣言」と訳されるが、これは今では完全な誤訳と言うべきである。この宣言は、実態としては人を男（l'homme 人）に限り女性を排除し、また最終的な権利（市民権）主体も、男のうちの一定の財産所有者である市民（citoyen シトワイヤン＝ブルジョア）以上（貴族を含む）

に限る不平等なもので、真にすべての人の法の下での平等論であるかのような文言を実態と誤解させる訳語（人権）はとるべきではない。竹内、二〇〇一・第1章を参照されたい。

また、成人に対する一人一票の同一の参政権や、誰にも同一に保障される移動・居住などの自由の権利、同一の罪への同一刑罰の付与なども、法の下での平等＝同一性であり、これらが重要な平等の理解を示しているのは明らかである。

(5)平等は同一性ではない

だが平等＝同一性という理解だけでは、平等の定義としてはまったく不十分なのである。平等＝同一性だけでよいと言えないことは、少し考えただけでもすぐにわかる。たとえば、「君と僕とは背丈が同一だ」とは言っても、「君と僕とは背丈が平等だ」とは言わない。ここに、すでに平等≠同一性がある。また平等が同一性にはとどまらない、反差別・反抑圧などの価値評価の言葉だという点も示唆されている。

逆に、「男と女――諸民族でも諸人種などでもよい――は平等であるべきだ」とは言えても、「同一であるべきだ」とは、まず言えない。なぜなら、体格や肌の色や生殖器などの自然上の相違を考えれば、男女間などに同一性は想定できないはずだからである。

「男と女は平等であるべきだ」というのは、この自然上の相違（非同一性）を前提にしつつも、権利上で相互に差別があってはならず、人間関係上で相互に差別・抑圧されるべきでない、といった意味である。

この場合、平等は同一性ではなく、非同一性を前提にした反差別・反抑圧という肯定的な価値を意味する。だから逆に、不平等は、たんなる非同一性や差異性ではなく、差別・抑圧といった否定的な価値を意味することになる。

加えて、たんなる違い（非同一性や差異性）を、不平等などと言ってしまうと、差別・抑圧を表す言葉としての不平等が、まったく意味をなさなくなる。また逆に、たんに同じこと（同一性）のみを平等だと言ってしまうと、反差別・反抑圧・反格差といった肯定的価値を持つ言葉としての平等が、たちどころに雲散霧消してしまいかねないのである。

こうした誤りに、たとえば一般には平等主義者として知られるジャン＝ジャック・ルソーも陥り混乱していた（次章で不平等主義者でもあったルソーについてやや詳論する）。ルソーは一方で、不平等を、貧富や権力に基づく克服されるべきもの、つまりは差別・抑圧として捉えていた。にもかかわらず他方では、たんなる相違や非同一性と言うべきことを不平等と表現し、逆に平等を同一性としてのみ理解していた面もある。たとえば次の発言である。「自然的に人間の間にある肉体的不平等」、「人間は体力や、精神について不平等でありうる……」（ルソー、一九五四［四二］）。

体力や精神について人間に違いがあることそれ自体は、即座には、差別や抑圧を示すべき不平等を意味しないはずである。このようにたんなる相違や非同一性と言うべきものを自然的不平等などと不平等と言っていては、本来の差別・抑圧としての不平等の意味が雲散霧消してしまう。

現代でも、基本的には本書と同様な真の平等志向を持つと思われる論者ですら、平等という言葉をたんなる同一性に還元して、たとえば次のように言うことがある。

「エリート女性たちは、男性以上に能力主義的選別や結果の格差の肯定者で……、働きすぎのしんどさを男性正社員と共有する……これからは、過労死における男女平等が実現するかもしれません」(熊沢、二〇〇七［一九］)。

平等＝同一性としてのみ把握するなら、「過労死における男女平等」という言い方はありえよう。そしてまた、「過労死における男女平等」は、「エリート女性」への皮肉を表現してもいるのだろうが、しかし、少なくとも平等を差別・抑圧の廃棄と考えるなら、過労死に至る点でのたんなる同一状況に平等という言葉をあてることは、平等の価値低下に繋がるだけだ。こうした言い方は、平等や平等主義の価値を真に重視するならば、やめるべきだと私は考えている。

(6) 反差別・反抑圧としての平等

平等＝同一性が不十分だとしたら、何をもって平等を定義すべきだろうか。

私は、まず何より、平等は反差別・反抑圧・反格差を意味する、と理解すべきであると考える。つまり、民族差別や障がい者差別や女性差別などの抑圧に反対し、それらの克服を目指す考え方として平等を位置づける、ということである。差別・抑圧は、戦争におけるそれを筆頭に、障がいを持つことを理由とした生命の奪取や政治的理由による不当な監禁・拘禁といったきわめて暴力的なものから、雇用や給与をはじめとした労働条件といった日常的なことまで広範に存在するが、これら差別・抑圧の克服に資する思想を平等主義と呼びたい。そうした反差別・反抑圧としての平等を同一性（同じこと）が担う場合は、平等＝同一性論が成立することになる。

たとえば移動や居住の自由をはじめとする市民権を、人種や血縁などに無関係にすべての人が同一に有することによって、古典近代の頃まで存在していた移動・居住や思想信条などをめぐる差別・抑圧が廃棄されうる。また同様に、二〇世紀前半まではどの国でも男女差別が当たり前のこととして横行していたが、選挙や学業、就労などについて、男女を同一の権利主体としたことが、差別・抑圧の廃棄に繋がる。

しかし逆に、非同一性（違うこと、差異性）が、反差別・反抑圧をもたらし、同一性がかえって明白な差別・抑圧となることもある。その場合は、平等≠同一性であり、平等＝非同一性となる。

たとえば、所得にかかる税額や税率を考えてみよう。収入に大きな格差がある人々の間で、もし所得税率が同一ましてや所得税額が同一だとしたら、その結果もたらされる事態は平等とはほど遠い差別的なものとなる。

同一の税率や税額は、実質的な可処分所得の格差を拡大する。つまり、日本の消費税のように、すべての商品に対する一律な同一税率での課税は逆進性が高く、貧者に不利で富者に有利だから、不平等なのである。ここでは、同一性＝不平等である。

だからこそ逆に、所得により異なる――富者へは高く、貧者には低い――非同一な税率、つまり累進税率が平等な状態をつくりだすことになる。所得に対する累進課税は、現在日本を含む多くの国で、実施されている（日本では、消費税導入以前の一九八六年までは七〇％を超えていた最高税率が、現在はほぼ四〇％にまで落ちて不平等化している。また、世界的にも以前ほどの累進率は維持されていない）。累進課税は、同一の税率の場合と比べれば、平等な税率なのである。そしてまた、収入しだいでより差異（非同一性）が大きくなる所得税率こそが、より平等だとも言える。

つまりは差異性＝平等に基づく累進課税が、可処分所得の格差を課税前よりも縮小し、可処分所得を同一＝平等に近づける点こそが重要なのである。この同一性＝平等には、平等をたんなる同一性に還元するのとは異なる平等と同一性との深い結びつき、しかも平等と差異性（非同一性）との結合を介した平等と同一性との結合が現れている。たとえば、非同一な累進課税は公共事業全般の財源であり、義務教育などの公共事業は、非課税や低課税の人たちにも同じ恩恵をもたらすからである。これらは、完全な同一性＝平等を意味しないが、所得格差を縮小する効果、つまり所得再分配効果における平等＝同一化傾向を示しているのである。

ちなみに、格差拡大を目指してきた財界は、ここ一〇年来、富者により有利になるようにと、この直接税（所得税）率の累進性をさらに弱めて税率の同一化すら提案し、不平等を強化しようとしてきた。「税のインセンティブ・システムとしての有効性を高めるため、よりフラット〔同一＝平等〕な直接税の体系を目指す」（日刊工業新聞特別取材班、一九九九［二二七］）とか、「課税最低限の引き下げによって課税ベースを拡大したうえで、急激な累進課税率構造を緩和し、よりフラットなものと」（日本経済団体連合会、二〇〇三［二〇］）する、などの主張である。これらは明らかに、所得格差による不平等の拡大を、同一性としての「平等」を通じて主張するものなのである。

(7) 同一性も差異も区別も重視する平等論

以上から明らかになることは、平等が同一性か非同一性（差異性）かは、第一義的に重要ではない、という点である。言い換えれば、反差別・反抑圧・反格差こそが、したがって差別・抑圧の克服こそが、平等思想や平等主義の中心論点だ、ということだ。

同一性も非同一性も、反差別・反抑圧を担う限りは平等を意味するが、差別・抑圧を担えば、ともに不平等なものとなる。そして、これらは、平等をめぐる歴史にも示されている。

平等論史に関しては、次章で簡単に概観するが、その前に差別・抑圧の克服を目指しながらも誤解されてきた平等論者で、フランス革命時の共産主義思想・運動の代表者バブーフにふれておきたい。彼は、フランス革命期の総裁政府下で、旧体制のブルボン王朝支配下以上に貧富の格差が拡大しつつある現状を覆すために蜂起し、より差別や格差の少ない社会を目指した。格差のない平等な報酬を提起した彼の発言には、まさに反差別・反抑圧・反格差こそが平等主義の核心であり、その平等実現のために同一性も必要だということが、明確に現れているように思われる。バブーフは、「各人のその熟知する才能や生業を発揮させせ」（柴田、一九八六［二五四］）と言ったように、各人ごとの才能の高低（非同一性）を知りつつも、あえて次のように述べた。「才能や生産の優秀性とは妄想であり、平等に対する陰謀者によって常に巧妙に使われる特別の罠にすぎない……。仕事により高い知的水準……を要する者に、より多くの報酬を得る権利があるというのは、理屈にあわぬ不正である。これは、その胃の収容力とは何の関係もない」（同上［二四二］）。

現代の格差社会における出来高払いや能力主義賃金に馴れた人は、この主張に驚くかもしれない。しかしバブーフは、あまりにもはなはだしい貧富の格差や差別を否定するために、あえて優秀性は妄想だと言い、才能や胃などのいわば自然的同一性――これら自体は誤りだが――を主張した。そして、この同一性を根拠に報酬上での反格差や反差別としての平等を主張したのである。彼の主張は、平等を同一性に還元してはいるが、実際には、平等＝同一性論よりも生存の差別・抑圧の克服を目指す平等主義に力点がある。だからこそバブーフは、人間相互の相違など百も承知のうえで、「すべての人は平等（同じ）で、人の命の軽重はなく平等だ、だから差別は駄目だ」などと言い、そこに正当性を見出そうとしたのである。

(8)「強者」に適合的な新自由主義――新自由主義やリバタリアニズムによる不平等①

さて、現代の平等や不平等を論じる際に、絶対に見過ごせないのが新自由主義である。現在起きている不平等問題の多くは、直接には新自由主義思想や新自由主義政策がもたらしたものであり、政権担当者や財界人、さらには学者までが、不平等（差別・抑圧）を肯定するのも、彼らが新自由主義を積極的に受容したり、また無自覚な場合も多いにせよ、新自由主義に強く影響されているからである。

以下、経済グローバル化や多国籍企業化、さらには現代帝国主義の根幹にある新自由主義思想を、ごく簡単にだが概観しておきたい。なお、新自由主義思想は実際にはきわめて多様なので、ここでそのすべてに言及することはできない。主要にはフリードリッヒ・アウグスト・フォン・ハイエクやロバート・ノージックの発言に基づいて、*新自由主義思想がいかに不平等な思想かを概観するにとどまることを断っておきたい。

＊　ハイエクの『自由の条件』『法と立法と自由』やノージック『アナーキー・国家・ユートピア』に基づくが、煩雑を避けるために本章以下では、逐一の引用はしない。なお、それ以外で著作などが日本語に翻訳され紹介されている新自由主義者に、タラ・スミス、ジェームズ・M・ブキャナン、ミルトンとデヴィッドのフリードマン親子、リチャード・A・エプステイン、ピエール・ルミュー、マレー・N・ロスバード、アレクサンダー・H・シャンドらがいる。また本書での新自由主義の紹介は、主に竹内、二〇〇一・第1、4章に基づくものである。

あらかじめ結論的なことを言っておけば、新自由主義は元来、「強者」に適合的にできている思想である。「強者」とは、権力者やこれに近い者、市場での勝者などの「能力の高い」者、富者などである。だから必然的に新自由主義は、「弱者」排除に向かうことになる。このことを端的に示すのが、ハイエクの次の主旨の発言だろう。

〈血縁や生まれなどの運や先天的特質は個人や家庭の自己責任だから、血縁や体質の不運などには個人的に対処せよ。逆に先天的資質や家庭の恵も個人的に享受すればよい〉(ハイエク、一九八六－八七a・七巻［六四］、一九八六－八七b・九巻［一〇二］など)。

ここに明らかなように、すでに新自由主義は、たんなる近代の市場原理主義にとどまるものではない。つまり、新自由主義により排除・差別される「弱者」の代表は、昔も今も存在する遺伝病者をはじめとする障がい者や高齢者、病者など、健常者に対して、通常「能力が劣るとされる人」なのである。そればかりでなく排除される「弱者」にはさらに、権力から遠い者、市場経済での敗者、私有財産の少ない者などが含まれる。したがって大半の庶民も、じつは新自由主義により排除される「弱者」なのである。

⑼国家介入による不平等――新自由主義やリバタリアニズムによる不平等②

次に、新自由主義が不平等を増大させることをより理解するためにも、いまだに誤解の多い点を一つ質しておきたい。それは、新自由主義が推進する構造改革などが単純に、国家介入抜きの民営化・市場化と同一視される問題である。

この延長上で、国家による市場や市民社会への介入を可能な限り減らす市場原理主義が新自由主義だ、とされがちだ。だが、こうした把握は間違いである。なぜなら、新自由主義は単純な市場原理主義ではなく、積極的な国家介入を認める——さらには保守主義とも一体化しうる——からである（たしかに新自由主義のごく一部には、資本主義原理という国家抜きには存在しえない原理に頼りつつ国家権力排除を夢想する混濁したアナキズム的リバタリアニズムもあるが、これには本書では言及できない）。

積極的な国家介入の承認は、一九八〇年代末の米国で商務長官だったロバート・B・ライシュなどの現代の新自由主義者だけでなく、じつはハイエク自身がすでに言明していた。つまり市場経済・市場秩序の創出・維持・拡大には、国家権力や政府行動が不可欠の役割を果たさねばならないことを新自由主義は積極的に認めており、実際にも現在の新自由主義政策では、国家介入は大前提となっている。そうした国家介入は、そもそも「強者（富者）」が有利な市場機能をより「強者」向けに整備して、より不平等を昂進する国家介入でもある。

そうした国家介入の端的な例には、アメリカ「帝国」を先頭とする軍事力の世界展開がある。つまり、資源や人口などの点で魅力ある市場ではあっても政情不安などがある地域では、軍事介入により、さらには戦争を起こして（現代帝国主義国家権力の発動）グローバル市場を創出・維持し、多国籍企業化を進める、といったことである。この軍事力による国家介入——民間軍事会社による戦争遂行の原資も国家予算や国家が育てた軍隊や軍人である——は明らかに、より益を得る米国などの「先進国」やその国民と、より不利になる「途上国」とその国民との不平等を拡大する。

また日本など「先進国」内の市場開放や民営化にも、旧来とは異なる新たな市場の創出のために、国家権力や政府行動の新たな発動が必須である。さまざまな立法化や行政措置による市場化・民営化は、国家・行政権力の強大化と一体だからである。これにより「先進国」内でも、上層の「強者」と、「途上国」との競争を強いられ非正規雇用等の低賃金労働に追い込まれる「弱者」との格差や不平等がいっそう拡大してきた。

新自由主義的経済政策を進めた「経済戦略会議」や「経済財政諮問会議」が、国家権力による強引な不良債権処理の機構をつくり、融資を困難にして中小企業の淘汰に直結する貸し剝がしを制度化し、労働者のリストラ（クビ）に至る雇用の規制緩和法制をつくることも、市場への強力な国家介入なのである。二〇〇〇年から実施された公的介護保険が、福祉への民間業者参入や市場型契約導入など介護の市場化を進めつつ、同時に要介護度設定などの介護認定にまつわる一切を国家行政的決定に任せたことも、国家介入を伴う市場主義としての新自由主義政策である。

国立大学の独立行政法人化によって、教員の起業化や研究・教育の民間企業ベースでの推進や連携、教育＝サービス産業化などの市場化を推進しつつ、同時に学部教授会から人事・予算権を奪い、権限（権力）を学長・役員会に付け替え、あげくは平教員からは学長選挙権を奪う法制化を行ったことも新自由主義による。さらには、会議などでの学長・役員（会）の専横を「リーダーシップ」という名の下で正当化する――頻繁に大学で生じている――ことの根源にも新自由主義がある。

これら公的介護保険における国家行政的要介護認定と民間業者参入や、教員・教育の市場化と大学組織における学長・役員会の非民主的権限強化などには、新自由主義的な強権的な国家と市場とがセットで、いわばマトリョーシカのように、入れ子構造になって入り込んでいるのである。

つまりは、市場組織とワンセットになって不平等を強化する権力組織が入れ子構造として社会のそこかしこに――大きな国家や市場構造から小さな学校組織まで――存在していることも、新自由主義が不平等を拡大している一例なのである。

ここには、「弱者」をより不利・不平等な状態に貶める、国家介入とセットになった市場主義がある。つまりは、市場化・民営化で「強者」がより有利、「貧者」がより不利になって不平等化が進むだけでなく、権力上での格差を用いるやり方のため、市場化・民営化そのものも、またこれらを推進する法制度もがより不平等化し、社会全体の不平等化がより進むのである。

以上からして新自由主義は、最も簡略に言えば、〈財政的には小さい場合もあるが、強力な国家権力を内在させた市場至上主義〉、と定義されるべきである。* そしてこの強力な国家権力志向は、不平等拡大に向かう支配のために、伝統や前近代的なものを利用することもある。したがって、市場主義である新自由主義は、同時に保守主義でもありうるのである。だからこそ、新自由主義とネオコン（neo-conservatism 新保守主義）とが表裏一体で隆盛になるという「先進国」で明確な事態も、何ら不思議なことではない。

＊　そもそもレッセフェール（自由放任）の資本主義など現実にはなく、植民地戦争を行う軍隊や強者の私有財産を保護し本源的蓄積を進める強力な国家権力により初めて資本主義市場も成立した、という論点もある。

またたとえば一八五〇年直前から七〇年頃の大英帝国の資本主義についても、必要な植民地獲得戦争の財政は、国策会社の東インド会社などの二・五倍に拡大した植民地財政が負担したため、英国本国財政の支出がクリミア戦争期を除いて減少したように見えたという指摘がある（金子、一九九七［七二］）。

⑽ルール主義による不平等――新自由主義やリバタリアニズムによる不平等③

新自由主義は、〈財政的には小さい場合もあるが、強力な国家権力を内在させた市場至上主義〉である。だが新自由主義が跋扈する場合、とくに「先進国」では戦争などを除けば、国家権力も直接の暴力的支配・不平等を正当化・強要することは少ない。しかしだからといって、国家権力側の「強者」の支配がないわけではない。「強者」の支配は着実に正当化され、不平等も強要されるが、それら支配や不平等は、規則（ルール rule）が支配も意味することからして、いわばルール主義とでも言うべきものによってなされるのである。

新自由主義はそもそも、国家権力に支えられた市場秩序ルール――基本は①私的所有権、②等価交換、③契約の自由、④他者危害禁止の四つ――と、このルールと親和性の高い市民権〔法〕の遵守の中でのみ人間の自由がある点を強調する。この「自由」――市場価値に従う限りの自由でしかない！――を深化拡大する市場秩序とそのルールを通じて、また市民法〔権〕のみの伸張を通じて、社会全体を支配するのが新自由主義なのである。

だから新自由主義によれば、累進課税による強制的所得移転――これを私有財産を侵害する盗みと同じだとノージックは言う――に基づく社会保障*とそのルール（社会法〔権〕）は、私的所有権などの四ルールを犯すという理由で本来は認められない。そのため社会保障は、せいぜい現代版の救貧法であり慈善事業を超えることはなく、真の権利にはならない、とすらハイエクは言うのである。つまり市民権〔法〕のみにのっとるルール主義により、社会権〔法〕は切って捨てられるのである。

* 社会保障は、障がい者福祉や高齢者介護などの「特殊なもの」だけでなく、市場経済のみでは維持できない通常の医療、雇用、老齢年金、労災の社会保険も含む。さらに言えば、これらの財政基盤である累進課税とその配分などの所得再配分機能とともにあってこそ、社会保障が維持されうるのである。

新自由主義によれば、市場秩序内でのみ自由があるから社会保障を受けての自由は本来はない。だから社会権〔法〕が必要な「弱者」――結局はすべての庶民――の自由は、原理上否定される。つまり自由を重視するとされる新自由主義は、じつは自由の不平等化を進める。そして「福祉の権利と呼ばれるものは、各人の自由を犠牲にした時だけ尊重されるものだから、これを認めることはできない」（スミス、一九九七〔三二六〕）、という、社会権〔法〕とこれに基づく自由を公然と否定する議論も近年では登場しだした。

社会保障の権利抜きに、私的所有権などの市場秩序四ルールを遵守するだけだと、富者や「強者」はさらに有利に、持たざる「弱者」はより貧困化し自由も奪われるのは自明だ。

たとえば、私的所有権（①）の保護とは言っても、財産に加え能力も含む元来の私有物に恵まれない

「弱者」は、労働市場でも消費市場でも、自由な契約（③）に基づく等価交換（②）だけでは、たとえ盗難にあわず（＝④他者危害禁止原則）また搾取がなくとも、「自由」の名の下での「強者」に有利な契約を結ばされ、元来の少ない私有物と等価なものしか手に入らない。入手しえたものでは生命に差し障りがあったとしても、社会保障がなければ、生きる自由すら剝奪されてより不平等な状態に追い込まれる。

つまり、そもそも「弱者」に不利な市場秩序の同一の四ルールを、したがってまた市民権〔法〕を、すべての人に「平等に〔同一に〕」適用して「強者」と「弱者」との不平等を拡大する、これが新自由主義なのである。この発想での同一ルールや同一法の同一適用は、生存権などの社会権〔法〕を無視するので、各個人の自由の享受においても不平等を推進することになる。

別様に言えば新自由主義は、「弱者」を排除する不平等な市場秩序による支配（＝規則 rule）の実施を、巧妙にすべての人への同一ルールの同一適用などとして「平等」を装って――平等を同一性に還元して――強要する。グローバル市場では現実には、同一の市場秩序ルールを、民族や文化の異なる人たちに同一に強要することもある。そこには、グローバル市場化＝多国籍企業化＝現代帝国主義化における「平等」を装う新自由主義があり、これによる世界的な不平等（差別・抑圧・格差）の拡大も看過できない。

この不平等を新自由主義はまた、同一ルールに従うスポーツとの類比で説明し――国家権力は審判の位置――、社会法〔権〕抜きの市民法〔権〕による不平等をさらに正当化する。

つまり、市場秩序のルールや市民権〔法〕的なものが、スポーツで遵守される公平なルールにたとえられる。そして、スポーツの勝者や敗者と同じく、社会における「強者」と「弱者」が、また両者の不平等の拡大もが、公平なルールの同一適用により生じた事態として正当化される。だが実際の社会では、公平な同一ルールをすべての人に同一に適応したからといって、スポーツと同じように公平で平等だとは言えない。そもそも一定の時間・空間・人数などの条件という制約を設け、その下でレフェリーのジャッジをあおぐスポーツのルールの話が、人間社会全般に適応できるはずもない。

⑾市場の外を否定する不平等——新自由主義やリバタリアニズムによる不平等④

市場のルール主義によって不平等を正当化する主張は、新自由主義が、市場の外側の社会を一切認めないこととも密接に関係している。社会全体が市場秩序とされるため、市場秩序の中だけでは生きられない人々は、より徹底した不平等を被ることになるわけである。

たとえば、重度障がいのため個人としては労働能力をほとんど所有していない障がい者は、市場の外側でしか生きられないが、この市場の外側が新自由主義により否定されると、最大の差別・抑圧としての死（最大の不平等）を被る。これはより具体的には、出生前診断などにより、重度の障がいを持つ胎児を出生前から排除（殺害）することや、「臓器移植法」改正（二〇〇九年七月）で、重度の不可逆的脳不全状態の人（いわゆる「脳死」者）が一律に死者とされることなどにも現れる。

加えて新自由主義は、コミュニケーションについても市場の交換過程か、これに付随する金銭授受を前提とするものしか認めない。つまり、本当に自由闊達な話し合い、ハンナ・アーレントが強調したアクションとしての真の政治・話し合いに至るコミュニケーションを否定する。この点も、結局は、私有物の多い富者＝「強者」に有利なコミュニケーションの横行ということになり、不平等化を進める。

これらはまた、新自由主義が市場価値という単一価値とこの価値で満たされた人間しか認めず、価値の多様性を極度に否定する点とも重なる。市場価値的にはどうしても低くなる、たとえば重度障がい者や高齢者のゆったりとしたライフ（生活・人生・生命）の豊かさは、多様な価値観があってはじめて評価できる。だが、価値については市場で決まる価値以外の価値を認めない市場価値一色の新自由主義は、そんな多様な価値を否定する。ちなみに市場価値一色の新自由主義は、市場での売れ筋のみを重用し、値段の低いものや売物にならないものを軽視するため、たんに重度障がい者の問題にはとどまらない。たとえば、時々の市場では評価されないが、将来を担う価値あるものが存在することは、芸術や学術だけでなく、普通の生活にかかわることでも多々あることだろう。しかし、そのことを新自由主義は否定する。

さらに誤解の多い点だが、ハイエク的な新自由主義――新自由主義のすべてではない――が市場の外部を否定することは、理論的には能力主義的配分としての比例的配分の否定にも至るのである。ちなみに、高い能力・業績にはたくさん報酬を与え、低いそれらにはわずかしか与えないという、その報酬の比を能力・業績の比と等しくするのが比例的配分という能力主義である。このような能力に応じて分相応にという不平等を正当化する能力主義差別を、「強者」に適したハイエク的新自由主義は強調しそうに思えるが、じつはそうではない。

ハイエク的新自由主義が比例的配分による能力主義を採用しないのは、市場の外部を一切否定して、価値評価一切を気まぐれな市場に任せるからであり、市場の外部でしか正確な能力・業績の測定や価値相応の価格決定ができないからである。ハイエクはこの点を熟知していながら、市場の外部での経済全般を基本的には否定していたので、市場決定によらない能力査定などの計画主義的手法も不可能としていたのである。

だが能力主義的配分を否定しても、この市場の決定のみに依拠する新自由主義は、けっして「弱者」を擁護する平等主義を意味しない。たとえば株式市場においては、株の突如の乱高下によって素人投資家がたまに儲かることはあるが、最終的には資金力や情報力に優れる「強者」が勝つ。市場決定がすべてを決めるということは、実際には高い確率で「強者」が勝つ。だから能力主義的配分を否定する市場至上主義も、結局は能力主義の場合と同じく、能力ある「強者」を有利にするだけなのである。

もちろん以上の能力主義による不平等（差別・抑圧・格差）とその拡大は、新自由主義のみならず、従来の自由主義もまた近代主義全般もが推進してきたことであり、そこには、「強者」や「弱者」を個人が所有する能力によって特定できるとする、能力の個人還元主義がある。私的所有全般について言えることだが、市場の外部を否定して市場内部のみに目が向くと、生まれや遺伝特性や運なども個人の私有として個人に還元されがちとなり、これらによる不平等も正当化されやすくなる。こうした個人還元主義による能力主義的な不平等はまた、優生思想とも接続し、生まれによる決定論としての前近代の封建遺制とも結託する。市場の外部の否定と相即する個人還元主義や能力主義によって、歴史上の大半の不平等を正当化する不平等主義こそが、新自由主義の最大の特徴だとも言える。

⑿新自由主義と自由主義とに共通の不平等——新自由主義やリバタリアニズムによる不平等⑤

自由主義は新自由主義の直接の母体であるため、両者には不平等にかかわる多くの共通点が見られる。そもそも資本主義の基本——階級や貧富といった不平等——の大幅修正を考えず、これを動かしがたい大前提にしている点では、両者はまったく同一である。しかも、国家権力が内在した市場至上主義とこれが規定する政治過程が社会的現実の不平等を推進することを承認する点でも、新旧自由主義はほとんど変わらない。

自由主義に基づく市民社会（ブルジョア社会＝名望家社会）では、そもそも選挙権などの市民権〔法〕もブルジョアに限られており、この不平等は自明視されていた。だからたとえば、一八八四年の英国第三次選挙法改正も、成人の三割に選挙権を与えたにすぎない。

この不平等は一見、市民権〔法〕的平等は認める新自由主義と旧来の自由主義との違いを示すように見える。だが社会権〔法〕を無視・軽視する新自由主義も、選挙権に限られない市民権の現実的効力における格差や不平等——社会権〔法〕の支援のない「弱者」は現実の市民権を行使しがたい——を自明視している。この点では、新旧の自由主義は同根である。

また市場での「強者」の側と庶民たち「弱者」の側の各々を、ほぼ自動的に現実の支配者と被支配者とする点でも、自由主義も新自由主義もあまり違わない、と言うべきだろう。

⒀自由主義以上に新自由主義が不平等なこと――新自由主義やリバタリアニズムによる不平等⑥

しかし、たとえばアダム・スミスの自由主義が、本来の自由はルールを犯さなければ何でもできることだとし、自由を市場ルールの外側に求めたことは、新自由主義と大きく異なる。だからこそ、市場秩序と一体の自由を主張したハイエクは、市場秩序＝自生的秩序（見えざる神の手により調整される資本主義市場）の発見者スミスを高く評価しつつも、市場のルールの外側でのスミス的な自由の把握を、自由と利己性とを同一視する誤りとして批判した。J・S・ミルの自由主義も、市場とは別の、真理発見の過程こそを自由のありかとした点では（ミル、一九七九）、市場秩序の中でのみ自由があるとした新自由主義とは異なっていた。つまりは不平等に加担する市場を自由主義以上に強調するのが、新自由主義なのである。

新自由主義の側ではハイエクだけでなく、彼の師ルートヴィッヒ・フォン・ミーゼスはより鮮明に市場と自由との結合を、「市場経済がもたらす自由以外には、いかなる種類の自由も存在しない」（ミーゼス、一九九一〔二〇〇八〕）と断言した。市場秩序内での自由を享受しやすいのは、富者＝「強者」だから、こうした市場の賞揚は、自由主義以上に「強者」に加担する不平等を主張することになる。

さらに新自由主義は、一度成立しかけた平等に向かう制度である社会保障制度──①私的所有権、②等価交換、③契約の自由、④他者危害禁止の市場秩序四ルールの制限とある程度の脱市場化──を根幹から崩す。これらの点でも、新自由主義は自由主義よりもはるかに不平等主義的なのである。

たしかに自由主義も、社会権〔法〕の制定や福祉国家の創出にさほど貢献したわけではない。だが一九世紀後半の西欧の自由主義の展開の中では、激しい労働組合運動や反帝国主義運動に促されてではあれ、社会権〔法〕や福祉国家の初歩段階の成立に向かう契機──慈善事業の社会慣習化、国家による企業への賃金補助、雇用主責任としての労災補償、医療などの社会保険化など──が生じていた。そして少なくとも自由主義は、新自由主義ほどにはこの社会権〔法〕に向かう契機を敵視せず（できず）、この契機を醸成するほどだった（竹内、二〇〇一・第3章）。したがって自由主義は、現在の新自由主義が社会権〔法〕や福祉国家を否定するほどには、不平等ではない。

他方、新自由主義は、社会保障制度や社会権〔法〕を縮小し、一九世紀後半から見ればかなり前進してきた福祉国家自体を危機に追い込んでいる。たとえばそれは、二〇〇〇年度から実施された日本の公的介護保険（高齢者福祉の社会保険化）に典型的に示されている。新自由主義にバックアップされた公的介護保険制度は、原理的には税金に基づく従来の高齢者福祉の非市場的で平等な制度を変質させた。貧富に関係のない平等な社会福祉制度としての高齢者福祉を、社会保険化、つまり新たな保険料支出や一割の自己負担金により、私的所有の多寡しだいで介護内容が大幅に変わることを正当化する不平等な制度に変質させたのである。医療保険改正における自由診療部分・混合医療部分の増大も、「障害者自立支援法」による新たな一割の自己負担（応益負担＝等価交換）導入も、市場化に向かう点では介護保険化とベクトルは同じで、新自由主義が福祉国家的なものの解体を進め、不平等主義をよりいっそう強化したのである。

たとえばまた、「障害者自立支援法」においては、本来は善き生存ないし善き生活を意味するはずの福祉 welfare＝well＋fare という言葉がほとんど姿を消し、福祉が個々の介護・介助・世話などの意味しか持たなくなっている。つまり、社会保障としての善き生活＝福祉の保障が削除され、たんなる個別の、しかも応益負担によって市場化され制限された介護や介助が「福祉」を僭称しているのである。これでは多くの「弱者」の生活はいっそう困難になり、不平等化が進むのは明らかだ。

以上見てきたように、とくに社会保障や社会権〔法〕への攻撃という点を焦眉として、新自由主義は自由主義以上に不平等を推し進めている。したがって、現代において平等主義の進展を図ろうとするなら、新自由主義との対決は避けて通ることのできない課題なのである。*

＊ 新自由主義の特徴として、以下の点も指摘しておきたい。市場の非人格的過程を強調し、諸個人に対して市場秩序を絶対化し、不平等な市場秩序の支配を恒久化する。関連して、真の陶冶や成長を否定して個人の無知を放置し、市場価値依存の物象化された不平等を自明視する教養・知識のみを重視し、物象化された競争を常態化する。また正義や公正や公平といった概念が、市場決定を除けば、コイン投げのような運任せによって決められ、これが正義や公正をめぐる討議など自体の軽視に繋がる。さらに新自由主義は全体的には、

個人ごとの格差を正当化する個人還元主義に頼っているが、まれに認める集団主義についても、労働組合の集団的な団交は生産性を下げるとの理由で否定しつつ、経営者集団や独占等の集団主義には賛成し、経営側という「強者」に肩入れする（竹内、二〇〇一・第1章）。

⒁平等実現の歴史性

こうした新自由主義の跋扈による不平等の蔓延は、多くの人々にもあきらめをもって受容されつつあるが、しかし歴史をたどればおかしなことなのである。

なぜなら歴史の他面を顧みれば、いまだ完全ではないにせよ、男女間の不平等や、民族差別や人種をめぐる差別や、生まれによる不平等などは、それなりに克服されつつあり、平等が目指されてきたからである。二〇世紀初頭まで自明視されていた男尊女卑（不平等）など、もはや公言することは許されることではない。大組織などではしばしば現実になされている思想差別も、公的には容認されえない。社長の息子は社長、労働者の子弟は労働者などの生まれによる不平等もほとんど肯定されない。

これら多くの平等化を示す事柄は、日本国憲法一四条一項「すべて国民は、法の下に平等であって、人種、信条、性別、社会的身分又は門地により、政治的、経済的又は社会的関係において、差別されない」、に集約的に表されていることであろう。

この点にかかわって言えば、日本国憲法一四条はたしかに、すべての女性を平等の範囲から排除したフランス革命の「人権宣言」(「人および市民の諸権利宣言」)に比べると、平等の範囲を広げて性による差別は克服している。だが「法の下に平等」と言いつつも、「能力によって差別されない」とは言っておらず、能力主義的不平等を容認しかねない規定でもある。

このように、平等にはそれなりに価値がおかれてはきたが、もちろん、今でもすべての平等が実現しているわけではなく、平等は時代により変わる、というのが現実なのである。だからたとえば、男の中の——しかもブルジョアの男の中だけの——平等から男女の平等にある程度は進んでも、能力の高低による不平等を克服しうる平等にはまだまったく至らない。

このように見てくれば、平等を大切にし、平等主義を貫くことにもっと支持が集まってもよさそうなものだが、新自由主義による平等への非難があまりにも多いのが今現在なのである。

第1章　平等論の深化・拡大――「不平等と一体の平等」論の歴史

(1)平等論の歴史から

思想史や哲学史の主題となったことは少ないにせよ、平等－不平等をめぐる議論の歴史は長い。古代ギリシャにさかのぼっても、プラトンやアリストテレスらも平等－不平等について論じており、その後のヘレニズムから中世、近世、近代から一九世紀、さらには二〇世紀へと、平等論が哲学・思想のテーマとしてまったく登場しなかったということはない。

ただし、あらかじめ一点だけ言っておけば、これら歴史に登場した平等論のほとんどすべては、「不平等と一体の平等」論だった。つまり平等論史が示すのは、ある種の平等の主張がまた別種の不平等論と一体だったり、不平等が「平等」の名の下で主張されたりと、結局は、真の平等論には至ってないということである。以下、本章では、西欧に由来するものに限定されるが、代表的な平等－不平等をめぐる議論を概観しておきたい。

(2)古典古代の平等をめぐる諸議論

古代ギリシャのアテネなどのポリス(コイノーニア・ポリティケー＝政治的・市民的共同体)では、平等が基本的に保障されたのは、成人男子たる家長＝市民としての自由人だけであった。そしてこの自由人の生まれという家柄自体が、ポリス民主制の前提でもあった。つまり、自由人はオイコス(家)の経済的機能(生産)を、被征服民や奴隷や女などの不自由人に担わせ、自らは生産活動を免れうるという差別的な身分格差が、ギリシャ・ポリス的平等の大前提だった。

だから平等は、経済活動に従事する不自由人を排除し、自由にポリスで討議し政治的決定に参加できた家長＝市民(自由人)たる男たち――ポリス共同体の善に資する能力の所有者たち――の間でのみ成立するものだった。その限りでだが、オイコス(家)での経済的格差や不平等とは無関係に、同資格を持つ市民たちの政治上での、またいわば市民法上での平等が成立していた。

だがこの市民法上の権利も含め、多数の不自由人を排除したうえでの平等だったから、これは「不平等(差別・抑圧)が前提の、また不平等容認の平等」という、奇妙なものだった。だが、この「不平等と一体の平等」こそが、人類史では多かったのである。

なお古代ギリシャでは、ポリス民主制などよりはるか以前にも、財産を尺度にして同程度の財産者たちのみを平等だとする富者の平等把握と、財産とは無関係に一人ひとりを平等存在とし、平等の尺度を人間の頭数に求める貧者の平等把握とが対立する状況があった。これらに対してアテネの政治家ソロンは、

「人間は市民としてのみ平等である」（関、一九八二〔七七〕）と述べたと言われる。これは既述の古代ギリシャのポリス的な市民（自由人）たちの間での、「不平等と一体の平等」論に繋がったと思われる。

しかし、ギリシャ時代末期のプラトンの『国家』（プラトン、一九七九）が描き、シュラクサイの独裁者に献呈された新共同体論は、前述のポリス民主制すらも非難し、市民法上での市民の平等すら否定した。それどころか、『国家』の最優秀者支配制（アリストクラシー）*論が象徴するように、家長の家柄も重視せず、現代的な意味での能力主義の徹底を賞揚していたのである。

* アリストクラシーは今では貴族制と訳され、生まれ・血縁が支配する政治原理と考えられがちだが、もともとはプラトンがその意義を強調したように、「最優秀」――この意味自体は問題だが――者支配を意味し、生まれ・血縁によるよりも能力主義による支配・差別に直結した言葉である。

つまり人間は、家柄ではなく遺伝決定的に優れた者から順に「金、銀、銅・鉄」を持って生まれ、この順、つまり「金や銀」を多く持って生まれたものの順で、支配者（政治家）－守護者（軍人）－被支配者（生産者）という能力主義的な秩序を構成すべきだとされた。これは人間を生物的なもの（遺伝）に還元し、この把握による人間の序列の順に政治的資格や職業的地位を配分する不平等に満ちたものである。

加えてプラトンは、遺伝内容として命名した金→銀→銅・鉄の順で、人間個人も遺伝的に理性的要素が薄くなり感覚的動物的になると唱え、これらに、病弱で生まれた者は治療せずに遺棄せよとする優生学的思考をも一体化させて、能力主義的な不平等を徹底させた。このプラトンの優生学的で能力主義的な不平等論は、女をでき損ないの男とする男女差別論とも合体していた。が同時に、女も能力しだいで男と同じ軍人になれるとし、女にも「裸で体育にいそしむ」一種の能力査定を行い、男女を同一のスケールで測って人間を序列化するという能力主義下での男女「平等」論——真に平等主義ではない——も展開している（プラトン、一九七九［三五〇－三六〇］）。

プラトンの弟子アリストテレスは、より明確な二種類の平等論を提起し、この二つの平等を正義に適うものとして賞揚する。一つは通称、算術的平等である。既述の家長（市民）たちの平等について、共同体の善に貢献する資質や正義感覚の彼らの同質性（同一性）を重視し、これらの前提のうえに同質者ゆえの平等とそれゆえの一人ひとりの数の平等を捉えるのが算術的平等である。

今一つは、資質や能力の強調と結びついてはいるが、むしろ能力の格差を強調する比例的平等である。これは能力主義そのものとも言える。有名なのがアリストテレス『ニコマコス倫理学』での笛吹きの例だろう。つまり富や家系に関係なく、優れた笛吹きという能力の高い者により良い笛を与え、劣った笛吹きには低い能力に応じた劣った笛を与えるという、能力に比例した処遇こそ平等（比例的平等）だとする議論である（アリストテレス、一九七三［一一二二］）。

この笛の例で示されている比例的平等は、おおよそはプラトンの能力査定試験論とも同じで、大きくは、能力の格差に応じた処遇をもってして平等とするものである。しかしこれは、見方しだいでは、能力主義的な差別（不平等）を「平等」と言いくるめる話でもある。だが、そうした能力主義と平等との関連をどう扱うかも、じつは、現在でも決着を見ていないことなのである。

なお古代ローマの奴隷制下におけるスパルタカスの反乱などが象徴する平等要求は、古代王制権力により鎮圧されたが、この平等要求には、アリストテレスらの平等論などには還元されえない独自の民衆的平等主義*の歴史が刻まれており、今後もっと探求されるべき課題だと思われる。

* 古典近代にも目立つこうした民衆的平等主義は、直接は文字や文書になっていないものが多いが、今現在も、またこの瞬間の日常生活の中にもありうることである。

(3) ヘレニズムの平等論

平等という点で見ると、ポリス民主制についてのイメージや、明るいギリシャ対暗黒の中世という「常識」からすれば、意外に思われることがある。

それは、不自由人の排除やプラトン的能力主義に見られるように古代ギリシャのほうが、中世以上に不平等主義的だった点である。つまり、現実にはヘレニズム時代も含めて中世のほうが、多くの人を平等主体（平等な存在）とする傾向を持っており、ギリシャ時代よりはるかに平等主義的だったのである。

まずヘレニズムでは、平等であることを規定する世界＝秩序（コスモス）は、ギリシャ時代のように自由人たちのみが集う個々のポリスに限定されなくなった。つまり、既知の世界＝宇宙（コスモス）全体を一つの政治的＝市民的共同体（ポリス）とする、コスモポリス（全世界共同体）なるフィクションが生まれたのである。これは、今も言う、個々の国に囚われないという意味でのコスモポリタン（世界市民）の主張、つまりコスモポリタニズムの始まりでもある。

コスモポリスでは、自由人たち（市民）にのみに該当する市民法の効力はしだいに薄まり、ストア派の自然法思想も手伝って、市民には限定されない文字どおり万民に妥当する普遍的な自然法が支配するとされた。そして、この普遍的な自然法が支配するコスモポリスとしての政治共同体内では、ギリシャ的な自由人と不自由人との差別が否定され始めた。これにより、エピクロスらの指摘に従えば、すべての人が自然法則により、特殊なポリスや市民社会ではなく一般的な社会（コイノーン）を形成することになる。こうしたヘレニズム時代の通史（成瀬、一九八四〔二〇一二〕）から知られることだが、この一般的な社会を形成するのは、ギリシャ時代とは比較にならないほど多数なので、平等主体も非常に拡大するのである。

(4) 中世の平等論

中世ローマ帝国でも、政治的共同体（レス・プブリカ）を構成する平等な主体は、最初はローマ市民である家長だけだった。しかし奴隷は除くが、しだいにローマの庶民や臣民、また被征服民もが平等主体になっていったのである。典型は、市民以外を対象とした万民法を、紀元三世紀初めのカラカラ帝の頃からはいわば市民法に統一し、市民法下の平等を実現していったことである。

もちろん、そうした平等は諸個人間の財力格差などからすればフィクションでもあった。つまりは、専制支配のローマ帝国膨張下での「平等」であり、皇帝の専制下という不平等下での「平等」、という矛盾したものであった。また女性の排除も前提だった。しかし、それでも自由人に限定されていたかつての「平等」は大きく広がったのである。

平等の観念が、中世キリスト教の教会の下で進展したことも重要であり看過できない。もともとすでに新約聖書において、キリスト教者は地上ではどうであれ、信仰上は聖なる人と同じ人間とされており平等観念は強かった。それがさらにアウグスティヌス神学では、地上の国（現実国家）に対する神の国（教会＝信者の共同体）に人間の生の本質があるとされ、神の国においては、地上の国での差別・不平等が解消されるという平等観念が強調された。

さらに一二世紀以降は、哲学者トマス・アクィナスなども教会と現実国家との重なりを捉え始めたように、平等を感得していたキリスト教信者たちが、普遍的な自然法としてのローマ法を信者の共同体にも適用し始めた。ここに、ギリシャに比べて平等主体を拡大していたローマ帝国（地上の国）と、キリスト教的に平等主義的だった神の国とが事実上結合し、平等はさらに拡大していった。

加えて、「都市の空気は自由にする」と言われた中世自由都市も、平等観念を進展させた。商工業者中心の市民が支配する中世都市は、貴族や聖職者や封建的領主、また彼らが農民たちを支配している領邦とはまったく異なり、それら封建的なものに対抗する原理が都市共同体の原義だったからである。それは商工業経済を基盤に、租税・軍事などについて商工業者が平等に討議して決定するという公共性を主眼とする原理だったが、そうした原理の支配する自由都市が、都市以外との一定の平等な関係を築いたのである。もちろん、この中世自由都市の市民たちは、身分制的な領邦国家に従属してもいたから、政治的に真に独立した平等な存在ではなかった。さらには中世での平等主体の拡大は、他方での農奴らの隷属状態と一体であったので、ローマ帝国の専制のみならず封建領主の圧制下の多数の庶民の生活という点でも、不平等の存続の中にあった。

あわせて中世キリスト教会内での平等主体の拡大も、裏を返せば世俗生活での不平等の存続を自明視するものであったし、侵略軍でもあった十字軍が典型だが、キリスト者以外を差別・抑圧することと一体の、「不平等が前提の平等」でしかなかった。加えて言えば、ローマ皇帝など世俗権力と合体した教会組織自身が、平等思想を裏切り、不平等に加担したこともある。ただ以上のような知見からもわかるように（成瀬、一九八四［二一－二六］）、「不平等と一体」ではあれ、中世にも平等論は存在したのである。

(5)古典近代初期の平等論

一四世紀のワット・タイラーの乱や一六世紀のドイツ農民戦争の際の土地所有についての平等要求、一七世紀イギリスの清教徒《ピューリタン》革命期のレベラーズ（水平派）のいわば生存権に関する平等主義、またその中のいっそうの急進派ディッガーズ（掘る人たち）の人民主権的な平等主義など、明確な理論的形態はとっていないものの、伝統的な民衆的平等主義も平等論史に記憶されるべきである。

思想史的には、近代個人主義を告げる名句とされる「我思う、ゆえに我あり」も、平等主義的内容を持っていた。これを唱えたデカルトのコギトcogito（＝我思う）の我自身が、文言上はすべての人に平等（同一）に配分されているとされる良識（bon sens）に基づくものだったからだ。だが実際には、ここでの平等は、法服貴族であるデカルト自身のように貴族の地位を金で買い取れるブルジョア以上の身分の者、また一定程度の富と教養の持ち主に限られていた。平等なものとされていた良識も、現実にはそうした階層に固有なものでしかなかった。

だから、デカルトの上記の著名な言葉も、一定程度以上の、思う（＝考える）能力の所有者たちからなる富と教養の世界以外を、つまり庶民や下層の世界を排除した不平等なものでもあった。これらを典型に、以下で示す古典近代の平等論も、「不平等と一体の平等」の拡大論にとどまってはいたが、そんな中でも平等論は徐々に発展していった。

さかのぼればルネッサンスや宗教改革も平等観念を発展させた。とくに信仰上での神と人との結合は、身分や血縁による差別を信仰上は否定し、平等主体を拡大した。一六世紀末のジャン・ボーダンの王権神授説と人間差別化論の中での、王権は特別だが臣民は平等という議論も、古典近代初期の平等主体の拡大に繋がった。

もちろん宗教的平等論は、現世の不平等を容認するものであり、王権およびこれと合体したキリスト教会を絶対視する中での臣民の平等論も、身分差別や教会組織上での不平等を肯定するものであった。一六世紀初頭のトマス・モアの「ユートピア」論も、「物が平等に分配され、すべての人が何でも豊富に持つ」としつつ、「奴隷奉公を選ぶ人」を定める不平等論でもあった（モア、一九七八［九五、一六二］）。

古典近代のイギリス清教徒革命期のホッブズは、人間諸個人の生存闘争（万人の万人に対する闘争）とこれを調停して平和を創出する強大な権力国家（リヴァイアサン）を重視し、近代国家論の礎を築いた。そして生存のための闘争状態（自然状態）とその終結は、自然上および能力上で平等（＝同一）な人間が限りある生産物の獲得をめぐって引き起こすものだ、とした。真にすべての人間が射程に入っていたかどうかについては疑問もあるが、このように、人間平等の主張と人間の生存闘争およびその終結の主張とは、ホッブズにおいては一体のものだった。

肝心な点は、ホッブズが人間の自然的平等論を彼の後継者のロック以上に主張したことである。「〈自然〉は人間を身心の諸能力において平等につくった。したがって、ときには他の人間よりも明らかに肉体的に強く精神的に機敏な人が見いだされはするが……個人差はわずかであり……」、この能力の平等から、目的達成にさいしての希望の平等が生じる」（ホッブズ、一九七一［一五四－一五五］）。このように自然的同一性を基礎に「能力の平等」をも明示するホッブズでは、その最終的当否は別に、自然性に基づく人間平等思想はかなり一貫していた。規範（あるべきこと）である人間平等を、血縁や地位などとは無関係にまずは自然的同一性（現にあること）に基礎づけ、これにより平等の深化拡大を図ったホッブズの意義は大きい。

しかしホッブズも、結局はこの人間の自然的同一性論（平等論）を裏切る発言に至っている。「先天性の白痴、子ども、狂人に法〔権利〕がないのは獣についてと同様である。また彼らには、正・不正を主張しうる資格もない。なぜなら彼らは、契約を結んだり、契約の帰結を理解する能力をもったことがなく……」（同上〔二八二―二八三〕）と言うように、ここでのホッブズにおける能力主義的不平等論（能力主義差別）は明確で、これは、後述のロックが土地改良能力などの資本主義的生産性に劣る人たち（非欧州人）を蔑視した点とも通じる（もっとも生産力的な観点の薄いホッブズは、ロックほどには欧州人以外を差別する言辞は吐かないが）。

またさらに、負ければ死に至る生存闘争と強大な権力国家が、人間平等のゆえをもって主張された点も、今から見ればやはり大問題だろう。ホッブズの人間平等思想は、最大の差別・抑圧（不平等）としての死と、いくら平和に導くものとはいえ差別的（不平等）な権力国家を認める点でも問題を含むものだったからである。

加えて、現代からすれば、遺伝子次元での人間個々の差異からして諸個人間の厳密な自然的同一性はないので、人間平等を自然的同一性に求めるホッブズの基本姿勢も問題になる。*

＊ ロックとは異なり人間の能力の差異に基づく生産力上昇論がホッブズにはなく、この点がロックのある種「平和的」な社会契約説とは異なり、ホッブズが戦争状態を前提にした権力主義的社会契約論を示す点に繋がっていた。生産力上昇がなければ、既存のものを奪い合う戦争状態が前提となるからである。なお、ホッ

ブズの言う戦争状態は、当時のイギリス国内での宗教戦争を伴った現実の市民戦争を反映したものでもあった。

結局ホッブスも——もちろん既述のデカルトやボーダンやモアも——、反差別・反抑圧・反格差としての真の平等は主張しておらず、「不平等を前提にした平等」「不平等と一体の平等」論にとどまっている。

(6)ロックの平等－不平等論

ホッブズの継承者の名誉革命期のロックは、ホッブズとは若干異なる仕方で平等を把握していた。たしかにロックも「同一種、同一等級の被造物は、すべて同等に自然の恵みを受け、同等の能力を利用するように生まれついているのだから……、すべての人は相互に平等であるべきで、従属や服従はありえない」(ロック、一九九七〔一六六二〕)と言うなど、一方では、ホッブズと同じような自然的同一性に基づく人間の平等の主張者ではあった。

だが、他方でロックは次のようにも言う。「すべての人は生まれながらに平等である、と述べたが、それは何もかもが平等だという意味ではない……。才能や業績が優れていて、普通の水準以上に秀でる人もあろう。血統がある人を従属させ……るということもあろう。しかし、これらのことはすべて、平等と矛盾しないのであって、すべての人間は、司法ないしは領有という点では平等なのであり……、すべての人が他の人の意志や権威に服することなく、生まれながらの自由に対して持つ平等な権利のことなのである」（同上［一九三］）。

以上のロックの発言も厳密に解釈すれば、相当な問題含みなのだが、少なくともロックは、「司法や領有での平等」「他人の意志や権威への服従の否定」、また「自由に対して持つ平等な権利」という点で、いわば市民権〔法〕的平等は積極的に肯定していた。しかもこの平等が、血統などによって侵されないことも明示している。

しかしまたロックは、「才能や業績」「血統」により生じる「普通の水準以上」の状況や「従属」という事態を容認していた。これは、業績＝能力に応じた差別を自明視する能力主義的不平等論である。

この点は、私的所有を個人の自己労働で基礎づける際のロックが、土地改良（improve）などの労働能力上での格差がもたらす不平等を正当化したこと、つまり私的所有の不平等を能力主義的に正当化したこととも繋がっている。さらにロックは、資本家的搾取も資本家的所有の無限増大をも認めて、所有や階級による不平等を正当化した（同上［一七五－一七八］。近代の私的所有論には、平等論的内容もあるが、これは第3章で扱う）。以上を通じてまた、土地の改良や開墾・征服（subdue）の能力に「優れた」者のみが土地所有者たるべきだとし、英国による米国の植民地化も正当化した（同上［一七九］、平子、二〇〇五）。

つまり、土地耕作の能力に「劣る」ネイティヴ・アメリカンの占有する土地を、能力に「優れた」英国人たちが奪っても当然だ、としたのである。ロックは、植民地主義的不平等、また民族差別的不平等の主張者でもあったのだ。これらは彼の『統治論＝市民政府論』の後半を読めば明らかなのだが、これまであまり問題にされてこなかった。そこには、真の平等論への志向の弱さが反映されていると言える。

さらに、ロックの市民権〔法〕的平等もまた、英国人の中でも家長たる男の市民（＝ブルジョア）に限られた不平等なものでしかなかった。この不平等は、ロックから約一〇〇年後の米国「独立宣言」や「人および市民の諸権利宣言」でも、またそれ以降も続いて主張されたのだから、ロック個人の責任にはできないだろう。だがロックの議論も、反差別・反抑圧の真の平等論ではなく、やはり「不平等と一体の平等」論でしかなかったのである。だからまた、ロックを近代民主主義の父などとほめたたえてばかりはいられないのである。

(7)ルソーの平等－不平等論

歴史上の人物で、最も平等主義者として有名なのがルソーだろう。たしかにルソーの『人間不平等起源論』などは、私的所有の拡大による貧富の差とこれらを正当化する法律、および文明や人間の能力の発達が不平等をもたらす点を捉え、これらを批判した。そうした不平等の克服のために、対等平等な小所有者たちの共同体を提起してもいた。

またルソー的人間平等は、ロックらの言う人の自然的同一性によるものではない。ルソーは、政治的・社会的平等（人為的・道徳的平等）、市民権〔法〕上の平等を主張したが、その際、人の自然的同一性には頼らず、平等が道徳を含む社会関係→社会契約、人為としてのみ成立する点を強調した。「自然的不平等を破壊するのではなく、自然的に人間の間にありうる肉体的不平等のようなもののかわりに、道徳上および法律上の平等をおきかえる」、「人間は……約束によって、また権利によって平等になる」（ルソー、一九五四〔四一〕）。ただし、九頁で述べたように、「自然的不平等」という表現は問題だが。

この政治的・社会的平等を主張したルソーは、しかしじつは、女性差別を自明視した不平等主義者でもあった。彼は、「一方（男性）は能動的で強く、他方（女性）は受動的で弱くなければならない」（ルソー、一九六四〔七〕）、「女性は一生のあいだ、けっして解放されることのない、このうえなくきびしい束縛に、つまり礼節という束縛をうける……。女の子はあまり自由をもたない、あるいはもつべきではない」（同上〔三〇－三二〕）などと堂々と述べたのである。*

＊　ルソーを批判したイギリス人女性メアリ・ウルストンクラフトや、「人および市民の諸権利宣言」の主語を女性に換えたパンフレットをつくり、革命政府に惨殺されたオランプ・ドゥ・グージュなどは、男女不平等の克服に尽くし平等論を深化・拡大させた。

さらに次のような、障がい者を取り上げた差別的言辞もある。「なんの役にもたたず、自分の体をまもることばかり考えて、体が魂の教育をさまたげる……、そういう生徒にむだな心づかいをそそいだところでどうにもならない。社会の損失を二倍にし、一人ですむところを、二人の人間をうばいさるだけ」（ルソー、一九六二〔五五〕）だ、と。

しかもこのルソーの障がい者差別論は、彼のより原理的な能力主義差別論に繋がってもいるのである。

なぜなら、政治的・社会的不平等である「人為的不平等は、それが自然的不平等と同じ釣合を保って一致しないときはいつでも自然法に反する」（ルソー、一九五七〔一三二〕）、とルソーは明言したからである。これは結局は、既述のアリストテレスの笛吹きと笛の例と同じ比例的平等論（すなわち不平等論）であり、ルソーは、社会における処遇が、自然的不平等とされた個人の能力や資質に応じた（比例した）分相応の不平等な処遇であっても、それは自然法に適った正当で平等なことだ、としたのである。すなわち、フランス革命時の「能力あるものを能力あるものとして、無能を無能として扱うのが平等」（高柳、一九六八〔一〇九〕）だとする能力主義的差別・不平等を、ルソーも肯定していたことになる。こうして見ると、ルソー平等論も「不平等と一体の平等」論にとどまると言わざるをえない。

(8)「独立宣言」と「人および市民の諸権利宣言」

公文書レベルでは、米国「独立宣言」直前に出された「ヴァージニア権利章典」一条の、「すべて人は生来ひとしく自由かつ独立しており、一定の生来の権利を有する」が、最初の平等宣言だろう。だがそこでも、女性差別や人種差別などが色濃く残っていた。そして「独立宣言」の中段は、ネイティヴ・アメリカンをインディアンという蔑称で呼び、さらに平然と彼らを「バーバリアン」、つまり野蛮な奴と呼んで人間扱いせず、差別・不平等を自明視していた。

既述のように、ブルジョアの男の家長以外を差別して「平等」を謳ったにすぎない「人および市民の諸権利宣言」は、さらにまた、その六条後半で、「能力以外の何らの差別もなく」と明示した。つまり、身分や血縁による差別を否定する方向を示しながらも、同時に能力しだいで差別することは自明視し、能力主義的差別に道を開くものであった。このように古典近代までは、平等論といえども「不平等と一体の平等」論でしかなかったのは明らかなのである。

(9) マルクスの平等論

マルクスやエンゲルスによれば、ロック的な自己労働に基づく私的所有とその平等－不平等は、労働能力商品を含む商品の等価交換場面（社会の表層）のことでしかない。私的所有を基盤とする資本主義社会の深層とその大方の現実は、生産手段の所有者である資本家階級と無所有の労働者階級との階級差別とこれに基づく搾取であり、そこには自己労働に基づく私的所有の平等はありえない。したがって、これら階級差別から帰結する不平等こそが社会の根源だということになる。

だから彼らの平等論の多くは、「これ〔階級の廃止という要求〕をこえてすすむあらゆる平等の要求は、必然的に不合理なものになってしまう」（エンゲルス、一九六八〔一一二〕）、という革命を通じた階級の廃棄による平等の達成のみに収斂しがちだった。* また私的所有と無所有との不平等は、階級の廃棄後の共同所有を旨とするコミュニズム（共産主義）が克服する、と展望されていた。

* マルクスとエンゲルスとは、将来社会像、物象化・疎外論、生産力把握などで重大な理論的相違もあるが、

本書の叙述は、ややマルクスよりだとはいえ、両者がおよそ一致している次元の話である。

ただマルクスは、コミュニズムの低次段階では、旧社会（資本主義社会）の母斑が残るため、「労働者の不平等な個人的天分とまた不平等な給付能力を、生まれながらの特権として暗黙のうちに承認している」ので、能力に応じて働き、働きに応じて受け取る、というある種の能力主義的不平等が存続することを歴史的必然としてはっきりと捉えていた。

そこでは、「平等な権利は、不平等な労働にとっては不平等な権利である」（マルクス、一九六八ａ［二〇―二一］）、と労働能力や資質などが異なる諸個人が、同一の権利（≒市民権）を持つことの問題性も、マルクスは看取しており、「すべての権利と同様に、内容においては不平等の権利」とも述べていた。これらは、市民権〔法〕的な同一の権利論だけでは真の平等が実現しがたく、社会権〔法〕が必要なことを事実上示唆した議論であったと言える。

加えて、あふれんばかりの富が達成されるというコミュニズムの高次段階で、「各人はその能力に応じて働き、各人はその必要に応じて受け取る」という原則が実現するとされた。つまり必要に応じる享受の実現、生存保障などの事実上での社会権の実現により、能力主義的不平等を克服した平等が展望されていた。しかも、一八七五年に提起されたコミュニズムの高次段階におけるこの能力主義批判の平等論は、以下に示す一八四〇年代半ばの『ドイツ・イデオロギー』における青年期の主張以来、マルクスらに一貫していたと言いうるのである。

「頭および一般に知的能力の差異はなんら胃および肉体的諸要求の差異を条件づけるものではない……したがって……まちがった原則『各人にはその能力に応じて』という原則は、これが狭い意味での享受に関係しているかぎり、『各人にはその必要に応じて』という原則に変更されなければならないということ、別のことばでいえば、活動における相違は、いかなる不平等の根拠にもならない」*（マルクス、一九六三〔五八六〕）ない。

* これは当時マルクスらの共闘者で『ドイツ・イデオロギー』の共著者でもあったモーゼス・ヘスの執筆部分と推定されている箇所だが、共著者であるマルクスも承認していたのは確実だと思われる。

こうした発言は、社会権の一つの基礎である生存保障（社会保障）などを社会や人間の本質とは見なしていない不十分さや不整合などがあるにせよ、現代も根深く存続し、より強化されている能力主義的不平等の克服を考えるうえでの大きな示唆も与えている。

さらにマルクスは、古典近代以降に市民権〔法〕的な平等論が登場する根拠を、既述の等価交換に加えて、いわばイデオロギーとしても、次のようにはっきりと把握していた。

市民権〔法〕的平等は、「商品形態が労働生産物の一般的な形態」となり「商品所有者としての人間相互の関係が支配的な社会的関係であるような社会において、はじめて可能な」平等であり、しかもそうした「すべての労働の同等性*〔平等性〕……は人間の同等性〔平等性〕の概念がすでに民衆の先入見として強固さをもつようになったときに、はじめてその謎を解かれる」（マルクス、一九六二〔八一〕）と。

＊ この訳書で「同等性」と訳される原語は、ドイツ語の Gleichheit であり、「平等性」と訳しうる。

もっともマルクスらにとって、すでに示唆したように、労働の同等性から帰結する平等は真の平等ではなく、能力主義的不平等をも克服する真の平等は、コミュニズムの高次段階に先送りされていた。そのため能力自体の新たな把握を通じての、現実内在的な能力主義的不平等の廃棄をマルクスは展望していない。この点でマルクスは、資本主義段階では能力主義的不平等は容認せざるをえない、と考えていたようである。

以上はまた、「不平等な諸個人（そしてもし不平等でないなら別々の個人ではないだろう）」（マルクス、一九六八ａ〔二一〕）というマルクスの言葉に潜む問題点とも関連する。なぜ問題かと言えば、以上に見られるようにマルクスは、平等を同一性としてのみ捉え、差異性と言うべきところを不平等とする場合があるからである。また人間諸個人がかならず不平等な存在であり、その不平等は、克服不能な運命であるかのような誤解を、マルクスが与える可能性があるからである。この点で、また能力論に問題を残す限りにおいて、マルクス的平等論もなお「不平等と一体の平等」論だと言わざるをえない。

⑽「粗野な共産主義／平等論」を非難したマルクス

マルクスについては誤解も多く、諸個人間の差異を無視するまがい物の「平等論」を主張したなどと曲解されることがある。それは反平等主義の側には平等主義攻撃の格好の材料だったが、マルクスは、そのようなまがい物の「平等論」を、バブーフ思想を念頭において――マルクスにはバブーフ思想を誤解した面もあったが――、「粗野で無思想な共産主義」の「平等」として強烈に非難している。

ちなみにいまだにマルクスを、崩壊したソ連・東欧圏並みの「粗野で無思想な共産主義」の喧伝者と思い込んでいたり、時代的制約による欠陥がきわめて多く、実現不可能なユートピアの唱導者にすぎない、と言う人もいる。しかしながらマルクス的コミュニズムの本当の姿は、階級差別などの資本主義の欠陥を克服しつつも、同時に教養や文明などの資本主義の豊かな成果は正当に取り入れて、階級の廃棄を基盤に真の自由・平等・共同の未曾有の発展を意図したものだった。

そうした発展を阻害したことが多かったのがソ連・東欧の現実だった。だからもし、マルクスが二〇世紀に生きたなら、こうした現実を、「粗野で無思想な共産主義」の一種として徹底的に非難しただろう（社会保障などの「社会主義」の成果は評価したとしても）。

マルクスが実際に非難した「粗野で無思想な共産主義」は「平等」を掲げてはいたが、しかしそれは、まがい物の「平等」でしかなかった。なぜなら、実際には個人還元主義的に捉えられた私的所有欲を最重要視し、私的所有欲の「平等」を唱え、機械的な人間の同一性を主張したにすぎなかったからだ。

つまり「嫉妬および水平化欲」として「才能などを暴力的な仕方で度外視しようと欲し」、「貧しくかつ要求の無い人間の不自然な単純さへの帰還」を主張しただけだった。加えれば、マルクスも非難したこの発想は、「教養と文明の世界全体の抽象的否定」と「私的所有の低劣さ」（マルクス、一九七五［一四二―一四五〕）とを抱き合わせて、才能などの人間のあり方を機械的に同一にしようとしており、平等を同一性に還元する誤りの典型だったのである。マルクスの平等論には先にも述べた弱点もあったが、このような「粗野な共産主義」のまがい物の「平等論」に囚われるものではなかった。

⑾一九世紀末からの平等論

一九世紀後半の平等思想は、平等を重視する研究者にもあまり注目されず、そのため一般に顧みられることもほとんどない。だが、現実の歴史においては、一九世紀末の四半世紀に形成された福祉国家の原型や初歩的な社会権〔法〕的なものが、平等主義の深化・拡大に大きな力を発揮したのである。もっともこの時代は、同時に、帝国主義や植民地主義の時代でもあり、これらと深く関連して優生思想的な不平等が跋扈した時代でもあった。

この時代の平等思想がかなり優れたものであったことは、ヘーゲル的な倫理的国家による人格完成論を主張したトマス・H・グリーンや、後述するが（五七、二二六－二二七頁）、彼の影響を受けた「新自由主義者」レオナード・T・ホブハウスの思想に明らかである。なおホブハウスなどの「新自由主義＝ニューリベラリズム（New-liberalism）」は、現在の不平等主義の元凶である「新自由主義＝ネオリベラリズム（Neo-liberalism）」とはまったく異なり、平等の実現のために国家介入による社会権〔法〕充実などを強調する思想であり、「社会的自由主義」と称されることもある。

平等の深化・拡大をもたらした初歩的な福祉国家の原型は、マルクス主義やサンディカリズムやアナキズム*などに裏打ちされた激しい労働運動や庶民の社会運動の成果によるものであった。公費による初等教育、公的年金制度、公的医療保障、住宅保障などの社会権（法）的保障が導入されたが、これは初歩的な福祉国家による平等の拡大に資する政策であった。だがそれは他方では、帝国主義的な対外戦争の遂行と資本主義維持のために国民を動員し統合するうえで必要なものでもあった。

＊　サンディカリズム（労働組合主義）は、基本的には革命党などを認めずサンディカを唯一の階級組織とし、ゼネストなどの直接行動を通じて一挙に生産の中枢機能を獲得し搾取の全廃を目指す主張で、アナキズムとも結合しやすい。フランスのジョルジュ・ソレルやシモーヌ・ヴェイユ（一時期）がサンディカリストとして有名。

アナキズム（無政府主義≒無権力主義）は、革命権力を含む権力一切の否定を掲げ、国家のない社会の建設を目指す主張で、時に一揆的手法に訴える革命行動に出る場合もあったが、テロとアナキズムとに必然的結びつきがあるわけではない。世界的にはロシアのピョートル・A・クロポトキンやミハイロ・A・バクーニンが、日本では幸徳秋水や大杉栄が有名である。

これらの詳細はさておき、社会権（法）的なものが示した平等拡大の眼目は、市民権（法）的平等の限界（不平等）を超えた点にある。端的には市民権は、私的所有が少なければ発揮できないものだった。たとえば移動の自由の権利と言っても、公費（税金）で面倒を見てくれるわけではないから、引っ越しなどに必要な経費を払える人のみが行使できる権利であり、そうでない人は行使できなかった。また「人および市民の諸権利宣言」以来の投票権も、当初は私有財産の少ない者には付与されないなど、市民権〔法〕的平等は、基本的に私的所有上での莫大な不平等を放置したままで、これに左右される平等であり、なお「不平等と一体の平等」にとどまるものであった。

これに対して、一九世紀後半に登場した社会権〔法〕的なものは、生存権保障を典型としてその少ない私有財産を補塡するところに大きな意義があった。もともとの財産の多寡や身分などに無関係に権利主体の平等を真に実質的に実現するのが、この期に登場した社会権なのである。そうした社会権の市民権に対する独自性は、福祉国家研究で著名な英国のトマス・H・マーシャルの次の発言に明示されている。「社会的権利〔社会権〕の内容は、それを要求する個人の経済的価値によって決まるのではない」（マーシャル、一九九三〔五五―五六〕）。

またミッシェル・フーコーの弟子のフランソワ・エヴァルドも指摘しているが、「社会権的秩序という枠組みの中では、唯一生きているものという事実だけに基づいて権利主体になる」（竹内、二〇〇一〔一五四〕）という考え方が、一九世紀後半にはある程度は実現しつつあったのである。

これら一九世紀後半の社会権は、完全な社会権的な主体を実現したわけではなく、したがって経済的不平等も完全には解消されず、相対的平等（一〇四頁）を実現したにとどまるものであった。だが社会権には、市民権〔法〕的平等レベルで残っていた、経済次元を中心とする差別・不平等の克服に向かう内容があり、これが一九世紀後半、とくに最後の四半世紀には実現され始めていたのである。

一九世紀後半からの平等主義思想の中核については、「R・H・トーニーからP・タウンゼントにいたる、フェビアン主義を中心とするイギリス社会主義の一大特徴をなす平等主義の原基がホブハウスその人に見出される」（吉崎、二〇〇三［九八］）と吉崎祥司が指摘するように、ホブハウスの次の平等主義的発言は、二〇世紀後半のジョン・ロールズの思想・言説を先取りしたかのような響すらある。

「人間性の本質が、身分や階級や肌色の区別……、性の区別など、それらの区別よりも深いところにある……究極的一致という感覚が、平等の真の意味である……、それが社会連帯の基礎であ」る（ホブハウス、二〇一〇［九三］）。「生産における個人の創意、才能、活力の役割を最小限に評価することなく」、なおかつ、「人が他人に優越する権利にはどんな価値も認めない」*（同上［一五五］）。

＊　だがしかしホブハウスの平等論も、能力にかかわる平等については、「能力はほんらい平等だ」「処遇が現実的に平等」といった主張をするだけで、個人的な次元での能力の差異をいかに把握するか、といった問題を解決してはいないし、能力の共同性論もない（吉崎、二〇〇三［九九］。本書第3、4章参照）。

加えて、ドイツ社会民主党の有力指導者の一人で、修正主義者と非難されるだけでほとんど評価されないエドゥアルト・ベルンシュタインの民主主義論も、平等主義を推進した。なぜなら彼が、「原理的には階級支配の止揚」とし、また「資本に止めをさす」と形容した「民主主義」は、「政治的手段以上のものが見出せる」ものとして、所得税の累進性の高次化から貧者用の農業立法や救貧制度充実等に至る社会権を含んでいたからである（ベルンシュタイン、一九七四［一八八―一八九］）。

⑿優生学的な不平等主義

平等思想が展開した一九世紀後半から二〇世紀初頭にかけてはまた、帝国主義による植民地獲得競争が激化し、この帝国主義を支える不平等思想――被殖民地人への差別を典型とする思想――も蔓延した。これらに対しては、レーニンやローザ・ルクセンブルグら社会主義的視点からの帝国主義批判のみならず、ジョン・A・ホブソンやヨーゼフ・A・シュンペーターらによる資本主義を擁護する側からの帝国主義批判も存在したが、帝国主義は社会帝国主義と呼ばれるほどに拡大し、そのため、優生思想とも一体化した不平等主義の勢いも苛烈なものがあった。

たとえば英国人カール・ピアソンはボーア戦争中に、戦争を典型とする生存競争を、唯一の人類発展のメカニズムだとして次のように述べた。「戦争が絶えれば『人類はもはや発展しない』……。そうなれば『劣等種族の繁殖を抑止するものが何ら存在しなくなり、冷厳な遺伝法則が自然淘汰によって制御・支配されなくなるからである』」（センメル、一九八二〔三七〕）。このように人種差別と優生思想に満ちたピアソンだったが、他方で、当時の社会主義思想にある程度共鳴するような人物でもあった。

同様に、優生学的不平等主義の根深さについて、より深刻な問題をカール・カウツキーに見ることができる。彼は、一時はエンゲルスの後継者ともみなされたドイツ社会民主党の重鎮だったが、次のように優生学的不平等主義を、社会主義思想と抱き合わせで唱えたという。「プロレタリアート……を病や変質に追い込んでいるすべての生活条件は（社会主義によって）消えてなくなる……。それでも、病気の子どもが生まれるとすれば、その子どもたちの虚弱さは社会的条件によるのではなく、単にその両親の個人的な罪となる」(市野川、二〇〇〇〔四三〕)。

民族衛生学などで活躍した社会改良論者が、優生学的な不平等主義者でもあった例としては、フリードリッヒ・W・シャルマイヤーやアルフレット・プレッツらがあげられよう。彼らは一方では、事実上の社会権〔法〕的な生存権擁護に基づく民主主義的な、したがってまた平等主義的なヒューマニズム(人間主義)を唱えた。しかし他方では、現代の遺伝子工学や出生前診断を先取りするかのように、胚細胞次元での人間淘汰――不良な胚＝不良な人間の抹殺――は、民主主義や平等主義に反しないものとして、これらを推奨したのである(竹内、一九九三〔五一―五二〕)。

後年のナチスの人種差別主義や優生学的不平等主義は言うまでもないが、一九世紀後半から二〇世紀前半まで、優生学を支持する著名人は非常にたくさんいた。優生学という名称の考案者フランシス・ゴールトンはもちろんだが、生存闘争論を社会に適用し優勝劣敗の人間進化思想を説いた『人間の由来』論のチャールズ・R・ダーウィン。『タイム・マシーン』の作者ハーバート・G・ウエルズは欠陥者の断種を強調し、電話機の発明者でアメリカン・ドリームの達成者グラハム・ベルは、家畜改良的手法による人間改良を主張した。年頭教書で不適合者の不妊化を政策課題とした米国大統領カルヴィン・クーリッジやセオドア・ローズヴェルト。今も政治学の研究対象であるハロルド・J・ラスキも、若い頃から優生学に傾倒していた。近年再評価されるノーベル経済学受賞者カール・G・ミュルダールも夫人との共著で、価値のない人間への不妊手術実施を強調したなど枚挙にいとまがない（竹内、二〇〇五ａ［一五五－一五七］）。ちなみに、優生学を政策化した第二次世界大戦までの米国、ドイツなどでは、知的障がい者の婚姻を禁止し、時には盲・聾《ろう》者を対象とするほど広範に障がい者の強制不妊手術を行っていた。そうした中で病弱者を産むことを罪だとする意識も蔓延したのである。

さらに戦後日本の優生保護法（現母体保護法）による「不良な子孫」の排除や、昨今増加している出生前診断に基づく障がい胎児の中絶、障がい者雇用を悪用した差別・抑圧の実態*などを見ても、優生学的不平等主義は、けっして過去のものではないのである。

* 軽度の知的障がい者を数多く社員寮と称するところに住まわせて雇用することで、社会的評判を得ながら雇用した障がい者の障害者年金を管理名目に詐取したり、その年金手帳を担保に有利な融資を受けること、さらには死に至る虐待が、全国数か所の中小企業経営者――これを容認した福祉事務所や信用金庫や福祉施設関係者なども含め――の問題として報告されている（毎日新聞社会部取材班、一九九八［六一以下］）。

⒀「福祉」の中の不平等

社会福祉や社会保障に熱心で、その限りでは平等論者でありそうな人が、同時に優生思想を受容した不平等・差別主義者であったことも数多く見られる。たとえばシドニーとベアトリスのウェッブ夫妻ら「フェビアン主義者が示した集算主義思想は、立派な労働者のための社会保障制度だけでなく、国家の指導の下〝不適合者〟を排除する活動までも意味した」（トロンブレイ、二〇〇〇〔六二〕）。「ゆりかごから墓場まで」で知られる戦後イギリス社会保障国家の基礎を築いたウィリアム・H・ベヴァリッジも、欠陥ある障がい者たちは公的施設で保護されるべきだが、その際には同時に「市民権はすべて永久に奪われねばならない。選挙権だけではなく、市民としての自由と生殖の権利もだ」（同上〔四三〕）と述べたという。

日本の避妊教育や計画出産にも尽力したマーガレット・サンガーは、同時に障がい者などの「不適合者」を出生前後に殺すことも、計画出産の目的としていた。つまり優生学的排除という不平等主義を自明視していたのである。サンガーとの交流や優生主義者の丘浅次郎と親密な関係もあった山本宣治――天皇制日本に果敢に抵抗した民主主義者で、そのために凶刃に倒れた――の性教育論や産児制限論も、優生学的不平等との関連を問われざるをえないだろう（竹内、二〇〇五a〔一五七―一五九〕）。

日本ではまた、優生思想を保持しつつ戦後は社会福祉学を説いた海野幸徳（中嶋、二〇〇八）や、生理学者永井潜の優生思想なども記憶されねばならない。だが、慶應義塾大学創設者にして明治期日本の代表的知識人である福沢諭吉の優生思想には、とくに留意すべきだろう。福沢は、ある種の「平等」を説きつつ、同時に優生学的不平等主義を公言したからである。

福沢は、『学問のすゝめ』で「天は人の上に人を造らず人の下に人を造らずといえり」と、米国「独立宣言」の冒頭部を見事に意訳し、「生まれながら貴賤上下の差別なく」（福沢、一九七八〔一一〕）と四民

(士農工商の四身分)の平等を説いた。だがその福沢は、「人種改良」と題した論文で、能力の遺伝決定論を持ち出し「人間の婚姻法を家畜改良法に則とり、良父母を選択して良児を産ましうるの新工夫ある可し」(福沢、一九五九〔三四四〕)と提唱したのである。つまり福沢は、封建的家柄による婚姻はもとより自由恋愛などによる家族形成ももってのほかとして、優生学的日本人種改良論という不平等主義を説いたのである。* ここには、優生学的不平等を説く四民平等論者という、矛盾した福沢諭吉像があるのだが、要は福沢も「不平等と一体の平等」論者だったと言うことができる。

* 殺害や断種や中絶、さらには市民権の剝奪などによる「弱者」の排除は、通常は消極的優生学と呼ばれ、この福沢の主張のように、「優秀者」を無理やりつくりだそうとする議論は、積極的優生学と呼ばれる。

これら「不平等と一体の平等」論、さらには実際の障がい者や高齢者への差別・虐待は、今でも枚挙にいとまがない。

⒁伝統的平等論から現代平等論へ

二〇世紀半ば以降になると、平等思想は戦後民主主義の一部として、たんなる思想を超え、ある程度は政策化されて世界的にも実現されていった。典型的には、植民地解放による民族間の平等、「先進国」民主主義における権利論的平等の隆盛などである。

もちろん資本主義国の反共差別主義や、旧社会主義国の反体制派抑圧といった不平等主義もあり、なお

「不平等と一体の平等」も多い。さらに二〇世紀後半以降には、すでに述べた新自由主義の勃興・隆盛下で(一四頁以下)、不平等主義が世界中を席捲し始め、そこには経済主義と同盟しやすい能力主義差別(不平等)の展開もあった。ただしこれら不平等主義に対抗して、二〇世紀最後の四半世紀以降は、欧米圏を中心にそれまでの伝統的平等論を凌駕する現代平等論も登場し始めた。

なかでもジョン・ロールズの〈基本的社会財の平等論〉とアマルティア・センの〈基本的潜在能力の平等論〉は、有名である。また、リベラリストで〈資源の平等論〉を説いたロナルド・ドゥオーキン、〈福祉への機会の平等論〉のリチャード・J・アーナソン、分析的マルクス主義者で〈有利さへのアクセスの平等論〉のゲラルド・A・コーエン、キリスト教的・社会主義的共同体論者と称され〈複合的平等論〉を説いたマイケル・ウォルツァーなども、現代平等論に大きく寄与した――ただし残念ながら、日本人の独自の平等論は皆無に近い*(これら現代平等論の成果も踏まえた、私なりの平等論と言うべきものは第3章以下で示す)。

* もっとも福祉実践では、近年ようやく評判となりはじめた介護士の三好春樹のように、一九八〇年代にすでに現実の平等論を、研究者以上に進展させた優れた人は存在した(三好、一九八九)。

ここでは、伝統的平等論から現代平等論への道筋に先鞭をつけた議論として、『正義論』(一九七一年)で現代平等論の端緒を開いたロールズ平等論と、人間の能力に焦点をあてたセンの平等論の中核についてだけ、簡単にふれておきたい。

⒂ロールズ平等論

ロールズの平等論は、正義を中核とする壮大な社会理論である。それは一七世紀中庸にホッブズなどが仮定した自然状態論を再構成し、「社会が成立する以前」の原初状態でのある種の人間平等を起点とした、正義に適う新たな現代的社会契約論を提起する。だがより直接にロールズ〈基本的社会財の平等論〉の基礎を提供するのは、彼が正義の第二原理と呼んだ次のものである。

第二原理のA（格差原理）としてロールズは、正義に適う貯蓄原理*に反しない限りで最も不遇で貧困な人々の便益を最大化するよう社会的・経済的不平等を処理し、彼らの生活改善・平等化を図るべきだ、と主張する。だが平等化を図るこの格差原理は、正義の第二原理のBの機会平等原理——すべての人に開放される職務や地位などは、公平な機会平等という条件とその後の競争の下にあるべきだ——に従属すべきだとされる（ロールズ、一九七九〔二三二以下〕）。

* 正義に適う貯蓄の最も重要な意味は、社会発展に必要な経済資源等を当該世代が浪費せずに次世代のために増やすことにある。

この第二原理のAとBとはごく簡略には、機会といういわば客観的条件を平等（同一）にし、その後での公平な競争が維持される状態を確立し、この状態内において最貧困者などを相対的に、しかしかなりの程度平等にする平等論である。そしてその平等にすべき〈基本的社会財〉は、「理性的人間が……、必ず欲する」もの、「一位的社会善〔基本的社会財〕とは……、権利、自由と機会、および所得と富とである」

（同上［七〇］）。つまり平等にすべきもの（平等客体・平等配分グッズ）が、権利から富に至るまで非常に広範に把握されている。さらに、自由を平等配分されるべき基本的社会財に含めて捉え、自由と平等とを真に統合するかのような平等論の射程の大きさも見られる。

しかも以上の議論には、個人の能力の多寡の分布を、社会の共有資産とみなす議論が続く。つまり「能力に優れる者」は、たんに個人的に優れているのではなく、社会の共有資産にあずかってこそ「能力に優れる者」でいられるのだから、他方の「能力が劣る」者や貧困者に自らの資産などを移転し、彼らを援助するのは当然だと主張する（同上［七六―八二］）。この点ではロールズは、能力主義的不平等にも歯止めをかけている。

しかし他方で、上記の第二原理全体が、市民権〔法〕的内容を主たるものとする第一原理に従属するとされる。この第一原理は、すべての人が相互に他者に危害を加えたり妨害をしないようにという伝統的で市民権的な他者危害禁止原則と同じで、自由の保持に必要な社会保障的内容などを含んでいない。そのためロールズ平等論の場合、機会平等などの競争条件を維持する中での弱者保護（社会保障など）が、市民権〔法〕的なものの優先によって阻害され、真の弱者保護や平等に向かうことからほど遠くなる可能性は十分にある。

実際ロールズ平等論においては、彼自身が明確に認めたように、正義の二原理が実現して「協働システムが公共的ルールの枠組み」となった社会では、能力や功績は個人に還元して把握され、結果として生じる能力主義的不平等は承認されるのである（同上［七九］）。

それは、時にリバタリアン（＝新自由主義者）と称されるような不平等主義的側面がロールズにはあるということでもある。チャールズ・フリートが『社会哲学と政策』誌上の論文「配分的正義論」（未邦訳）で述べたように、「ロールズは極貧者を含むすべての人が、平等のためだけに個人的な善き生活の多くの機会が奪われることを、道徳的に不快だと考えている点ではリバタリアン」なのである（竹内、一九九九［一五八－一五九］）。

⒃センの平等論の射程

ロールズの不平等主義的弱点を突き、新たに能力に定位した平等論を提起したのが、センの〈基本的潜在能力の平等論〉である。センはロールズを次のように批判する。ロールズ平等論が言う「基本財というアプローチは、人間存在の多様性にほとんど注意を払っていない」点で大きな問題があり、また、「ロールズの理論枠組みの中に『物神崇拝』の要素が存在している」（セン、一九八九［二五〇］）、と。

センからすれば、いくら基本的社会財を平等（同一）配分しても、それは物質的財に偏りすぎた「物神崇拝」的平等でしかない。それがなぜ問題かと言えば、平等配分される基本的社会財が当人の能力に適合せず、その人が使えずに機能しないならば意味がないからである。それどころか不平等を放置することにもなり、〈基本的社会財の平等論〉は、平等論を謳いながら不平等主義を煽ることになりかねない。

だから、使用できるという機能レベルで平等を把握して、当人の潜在能力＝機能〈基本的社会財＋諸個人の能力〉を平等にするという〈基本的潜在能力の平等論〉こそが真の平等論だ、というのがセンの主張だということになる。

「福祉について判断する際には、彼／彼女が所有する財の特性に分析を限定するわけにいかない。われわれは、ひとの『機能』（functionings）にまで考察を及ぼさねばならない」。「機能とはひとが成就しうること――彼／彼女が行いうること、なりうること――である。それ〔機能〕は……、機能を実現するために利用される財とは区別されなくてはならない……、機能はまた機能が生み出す幸福〔選好などの充足〕とも区別されなくてはならない」（セン、一九八八［二一―二二］）。

このようにセンは、平等にすべきもの（平等客体）の基準を、権利をも含む物質的財やその特性などの客観的なもの自身にも、また選好や欲求の充足による効用や「福祉」などの主観的なもの自身にもおかない。そうではなくセンは、人間と客観的な財との間に生じる機能（＝能力）こそを平等を測る基準にすべきだと言う。根幹の基本的能力についてだけだが、この機能＝能力の平等の実現が、センの〈基本的潜在能力の平等論〉の中核なのである。

たとえば移動する機能＝能力については、健常者には靴や歩行者専用道路や階段などが平等配分すべきグッズ（平等客体）となる。だが下肢が不自由な身体障がい者には、車椅子や車椅子通行が可能な段差なしの歩道、階段ではなくエレベーター等が平等客体となる。

ただしセンの場合、問われている能力が、移動や消化や識字などの本当に基本的な能力でしかない点は別にしても、個々人の能力を補塡するものが、車椅子など物質的財ないし客体であるにとどまる問題がある。つまり、能力は主体と物（客体）との関係（主体－客体関係）としてしか把握されていない。他者の能力による個々人の能力の補塡、また個々人の能力における他者性を把握するまでには、センの〈基本的潜在能力の平等論〉は至らないのである。

ちなみに、この能力上での他者性や他者によるその個人の能力の補塡、つまりは主体－主体関係としての能力把握を能力論全般の基盤とすることによってこそ、私が二〇年来主張してきた能力の共同性論に至りうるのである（能力の共同性論は、第3、4章でやや詳しく論じる）。

第2章　悪平等はなぜ生まれたか——伝統的平等論の意義と問題点

⑴伝統的平等論を理解するための三つの視点

前章で見た「不平等と一体の平等」という平等論史は、考えてみれば矛盾した話かもしれない。だが哲学者ヘーゲルが、「矛盾が真理の規則であり、無矛盾は誤謬の規則である」（『ヘーゲル全集』第二巻［五三三］）、とすでに青年時代に喝破していたように、矛盾した平等論史、したがって「不平等と一体の平等」論という矛盾が、真理・真実なのである。

もちろん矛盾を確認するだけでは、現代の平等主義に資するところは少ない。そこでこの章では下記に述べる三つの視点から、一九七一年のロールズ『正義論』までの平等論全体の特徴を整理したい。本書では、その頃までの平等論を伝統的平等論と総称するが、今後の平等主義の発展のために、その意義と限界を捉えやすくしておきたいのである（なおロールズ以降の現代平等論は、私の考え方も加えた新現代平等論を示しながら第3章以降で検討する）。

さて三つの視点とは、前章でその一端を見た多種多様な伝統的平等論を鳥瞰するための整理の軸・区分であり、それは、①平等主体、②平等客体、③平等連関である。伝統的平等論は、この三つの軸・区分にそって平等主義を一定程度進展させたと言えるが、同時にまたこの三つの軸・区分にそって平等主義を裏切る、まさに「不平等と一体の平等」論の提示にとどまってもいたのである。

本章ではまず最初に、三つの視点全体を概観し、その後で三つの視点それぞれにそくして伝統的平等論の内容をまとめ、その意義と限界にふれる。

(2)平等主体論

第一の視点の平等主体論は、どんな人たちやどんな集団（階層や階級も）が平等か、どんな同一の平等主体が登場するかを問うものである。平等主体論では、平等主体だという点では誰しも同じで、この限り平等は同一性である。

ここですぐに平等主体論の奇妙な点に気づく。平等を主張するのであれば、不平等を否定するはずである。したがって平等主体を一定の人や集団に限るならば、その一定の集団の外に不平等な存在を想定することになるため、そこにあるのは平等論ではなくなる。つまり、すべての人が平等主体であってこその平等論であり、この点からすると誰が平等主体かなどと問う平等論は、平等論とは言えないことになる。

だが前章でも見たとおり伝統的平等論では、特定の平等主体を説く議論の多くが、他の主体に関する不平等を自明視しているのである。たとえば古代ギリシャでは、経済活動を免れた家長である男の自由人のみが平等主体だった。また身分・財産にかかわらず平等ということは、市民権などについて「先進国」では一応は実現している。だがそれは、自国民に限定されたもので外国籍の人を排除することも多く、この点では国籍については不平等な主体を放置したままである。この場合、身分・財産にかかわらず平等という主体は、国籍に関しては不平等な主体でしかないことになる。それは、伝統的平等論の大半では平等主体の範囲が限定され、平等主体の範囲が狭かったということでもある。

当然だが平等主義からすれば、平等主体の範囲は広げられるべきである。我々が目指す平等主義では、性や年齢や人種などは問わず重度障がい者なども含めて、文字どおり万人を平等主体と考える。たとえばギリシャの自由人たちの平等論は狭いため不平等論と一体だが、真の平等主義においてはまさに万人に開かれた平等が主張されるのであり、同じ平等論を名乗っても、それらは大きく異なる。

神の下での平等や法の下での平等も平等主体を示すものではあるが、その平等主体が「身分にかかわらず平等」の範囲なのか、「財産にかかわらず平等」までも含むかなどを問うべきである。そうした問いを放棄すれば、いくら平等論を名乗っても簡単に「不平等と一体の平等」論に陥ることになる。したがって、平等を考える際には、まずはこの平等主体という視点に立つことが必要なのである。

⑶平等客体論

第二の視点は平等客体（平等配分グッズ*goods）論である。たとえ万人が平等主体だと宣言されたとしても、現実生活などでその平等の証がなければ、平等論は空理空論となる。この平等の証を与えるものについての議論が、平等客体（平等配分グッズ）論である。たとえば貧困で糊口《ここう》をしのぐだけの貧者とIT長者の富豪とは平等だ、と一般的に言われても、現実にはあまり意味はない（真の対等平等の発言権などを意味するなら、また別の意味を持つが）。

＊　グッズは、善い（good）という形容詞由来の善いものを意味するが、たんなる物にとどまらず、権利や自由なども含む幅広い言葉であり、日本語に訳しがたいので本書ではカタカナで表す。

ここで必要になるのは、主体が平等であることを証明するものであり、これらにかかわる視点が、何が平等かを示す平等客体（平等配分グッズ）論である。したがって上記の貧者とIT長者とが平等であるか否かは、平等客体で証明しなくてはならない。たとえば所得税の再配分で、貧困や富（平等客体）での格差が縮まってはじめて、この両者はある種の平等に向かう。

さて伝統的平等論では、平等客体は基本的には誰にとっても同一であり、だから平等は同一性を意味してきた。だが諸個人（平等主体）の能力などとの関連で、客体の同一性が真に平等を意味するとは限らない。たとえば重度障がい者が差別・抑圧なく平等に生きるために必要な平等客体を考えれば、それはおのずと健常者にとっての平等客体とは異なる。この差異を考えれば、平等客体論における平等は差異性（非同一性）となるのである（前章で述べたセンの〈基本的潜在能力の平等論〉にも登場した平等客体の差異性については、第3、4章でより詳しく扱う）。

なお平等主義からして、平等客体論で最も留意すべきは、本来は平等客体であるべきことを、平等客体から除外したり他の平等客体と同一水準で扱わない点である。

たとえば古典近代以降、私有財産を保障することを基盤とした市民権は平等客体であり、さらには参政権や移動・居住の自由なども含む市民権の平等は、平等客体論の重要な柱だった。だが生存保障などを意味する社会権の平等は、市民権の平等と同じ重みをもっては扱われず、真には平等客体とされないことも多かったし現に多い。このように権利上の平等が実際には社会権にまでは及ばず、市民権止まりだったことも「不平等と一体の平等」論の現れである。平等客体は歴史とともに増加したが、こうした社会権と市民権との関係に見られるような、平等客体の中での格差は不平等の存続に繋がっている。

(4)平等連関論

第三の視点である平等連関論は、平等主体と平等客体との連関そのものを主題とし、この連関自体が平等か否かを問うものであり、特定の個々の平等主体や平等客体を直接問うものではない。平等連関論は、平等の構造全体を問うものであり、伝統的平等論では平等論の最高審級だった。そのためもあったと思われるが、古代ギリシャ以来、古典近代に至るまで、平等に言及する議論の多くは平等主体や平等客体についてではなく、じつはこの平等連関論だったのである。

たとえば主体や客体が何であっても、主体の能力に応じる(比例する)処遇(平等客体の付与)ということは、平等連関論の中の比例的平等に属する。ここでは客体が主体の能力に比例して異なる点では、比例的平等論の平等は非同一性（差異性）である。だが「比例して」（連関自体）という一点では、比例的平等論の平等は同一性を意味する。

また「比例して」ということは、一方で個人に真に「ふさわしい」差異ある客体の付与をもって平等とするので、平等主義の豊饒化に繋がる。だが他方で「比例して」ということは、能力に応じた「分相応」の差別を正当化する場合もある。この点では、比例的平等論における「比例して」は、歴史的にまた今に至るまでも能力主義差別（不平等）に繋がってきたし、「不平等と一体の平等」論の典型だった。

形式的平等と実質的平等・不平等もまた、平等連関論に属する。たとえば性による賃金差別を禁じた労働基準法四条は、敗戦直後から今に至るまでも全体としては実現していない。つまり男女（主体）と賃金（客体）との連関自体は、法文上で形式的に平等だが実質的には不平等である場合が多い。だが他方で、同じ性に関しても、男女（主体）と参政権（客体）との連関は、一人一票の平等な投票権のように、法文上で形式的にまた実生活上でも実質的に平等である。なお以上の形式的平等と実質的平等の双方については、平等は同一性を意味している。

ちなみに平等連関論に属する機会平等は、不平等がまかり通る中においても賞揚されることの多い「平等」である。詳しくは第3章で確認するが、機会平等の内容は本来は非常に多様なものであるにもかかわらず、これまでその点がほとんど理解されず、結果の不平等の正当化に使われることが多い。たとえば義務教育の機会平等後などの、結果（能力・所得の格差）の不平等が当然とされることもそうである。

この機会平等論が結果の不平等を正当化することに典型的だが、平等連関全般について最も留意すべきことが、平等主義からすれば不平等なことを「平等」の名の下に正当化する点である。先述の比例的平等が能力主義的不平等を肯定したり、形式的平等が実質的不平等を肯定することは、平等連関論が「平等」の名の下で不平等を正当化する例である。伝統的平等論においては、平等連関論の多くも、「不平等と一体の平等」という矛盾を含んだものであった。

以下では、①平等主体論、②平等客体論、③平等連関論それぞれを、今少し検討したい。

(5) いかなる平等主体か？

平等主体論は次のように、およそ七つに区分される。

(1)―①血縁・身分・財産*にかかわらず平等

* 血縁、身分、財産の三つはかなり違うが、これらによる不平等は前近代的・封建的な排除という同様の問題であり、その意味で、これら三つによる不平等の否定（平等）を共通のものと考え並置する。

(1)―②人種・民族*にかかわらず平等

* 厳密には異なる人種と民族だが、皮膚や国籍などでの差別も含意させ大雑把に同じ扱いとする。

(1)―③宗教・門地にかかわらず平等

(1)－④思想信条にかかわらず平等
(1)－⑤性にかかわらず平等
(1)－⑥階級・権力*にかかわらず平等

＊ 階級と権力とは同一ではないが、近現代社会の多くが否定しない差別要因として同じものとして扱う。

(1)－⑦能力にかかわらず平等

⑹平等主体の実現の程度

平等主体論は、古代から散発的に示されてはきたが、古典近代に至るまではまとまった議論になったことがない。理由は、古典近代に至るまで身分制度などによる人間差別が自明視され続けたことにあり、この点は平等客体論も同様である。

古典近代以降、平等主体論は、(1)－①血縁・身分・財産にかかわらず平等からほぼ順に、(1)－②人種・民族にかかわらず平等、(1)－③宗教・門地にかかわらず平等、(1)－④思想信条にかかわらず平等へと展開され、これにより平等主体が拡大してきた（歴史的な実現の順番は上記と前後することもあったが）。

そして以上の平等主体は、かなりの程度は実現してきた、と言える。だが(1)－⑤性にかかわらず平等以下は現代でもあまり進んでいない。もっとも性にかかわらず平等は、激しいバックラッシュもあるとはいえ、着実なフェミニズム運動もあって、雇用機会や労働賃金をめぐる男女平等などとして実現しかけている面もある。だが⑴−⑥階級・権力にかかわらず平等は、理論的研究などで議論の対象になることはあっても、現実の政治や実生活では実現からはほど遠い状況にある。そして、最後の⑴−⑦能力にかかわらず平等は議論の対象となることすらほとんどない。もちろん、「どんなに重度の障がい者も同じ人間だ」といった発言がなされることはあるが、真には議論されることは少ない。

しかし平等主義からすれば、能力にかかわらず平等は、後述の平等客体論の⑵−⑤能力の平等とあわせて、非常に重要な平等論である。そのことは、能力による不平等（差別）の存続の深刻さを考えれば明らかだろう。こうしたことを典型として、既存の平等主体論の提起する平等主体拡大についてのほとんどすべての言説も、不平等な主体を残すことを自明視する「不平等と一体の平等」論でしかない。だから平等主体論については、それがどの程度不平等主体の存続を許すか否かを、同時に問い直す必要がある。

⑺「〜にかかわらず平等」の射程

「〜にかかわらず平等」という話は、人間の自然的平等、法の下での平等、神の下での平等などという比較的知られた区分に比べ、わかりづらいかもしれない。しかしこれらの区分は、⑴−②人種・民族にかかわらず平等以下のいくつかをまとめた総称であり、平等主義を考える際にはやはり、上記の「〜にかかわらず平等」という話が必要になる。

たとえば法の下での人間平等の理解は、法〔権利〕が市民法〔権〕に限定されるか、社会法〔権〕も含むかによって異なるし、形式的か実質的かでも大きく異なる。近代国家での法の下での平等の大半は、(1)―①血縁・身分・財産にかかわらず平等、(1)―③宗教・門地にかかわらず平等、(1)―④思想信条にかかわらず平等による平等主体を含むはずだろう。

しかし、法の下での平等が実現しているはずの現代で、大企業などの、時には労組を含む職場集団が、血縁・身分・財産にかかわらず平等は承認しながら、思想信条にかかわらず平等を事実上毀損していることもある。このように見てくると、平等主体をきちんと議論するには、法の下での平等論では大雑把すぎ、やはり上記の「～にかかわらず平等」という平等主体論が必要になるのである。

人間の自然的平等論も同様である。たとえばロックなどは、既述のように生まれつきという意味で、人間の自然的平等を一応は主張した。だがその平等主体の大半は、成立当初の市民権主体でしかなく、実際にはブルジョアの男で家長という身分・血縁に限定された主体でしかなかった(四四―四六頁)。したがって自然的平等論における平等主体は、血縁・身分・財産にかかわらず平等が侵害されたものであった。

もちろんロック的な自然的平等論には、血縁・身分・財産にかかわらず平等や宗教・門地にかかわらず平等を含む面はある。だがそうだとしても、前章で見たようにロックは、英国人などを優位におきネイティヴ・アメリカンを差別したので、彼の自然的平等論は人種・民族にかかわらず平等を否定する不平等論でもあった。したがってロック的な平等―不平等論の理解には、自然的平等論では不十分である。以上から考えても、平等主体の話の精緻化には、「～にかかわらず平等」という平等主体論が必要なのである。

⑻平等主体を析出する「否定性」

平等主体論の区分として、「〜にかかわらず」あるいは「〜にもかかわらず」という見方が重要であることを指摘したが、この点をもう少し掘り下げてみよう。「〜にもかかわらず」は、たとえば「どんな重度障がい者でも平等な人間だ」という発言がまともに受けとめられる際には、大きな意味を持つ。なぜなら「重度障がいでも↓重度障がいにもかかわらず」という（大きくは能力にかかわらずという）ことが、たとえ観念的ではあれ重度障害がい自体を人間存在から切断するからである。そしてこの切断が、重度障がい自体を人間の処遇の差別・抑圧の根拠にすることを「否定する」からである。「〜にもかかわらず＝否定性」が、その処遇の相違の根拠にされることを除去し、人間存在の平等性を際立たせるとも言える。

別様に言えば、主体の属性（血縁や性や財産など）や様態（能力や性格や思想信条など）がどうであれ、それらを「否定し」、それらとは無関係・無関与に、社会的処遇や政治的地位のうえでの差別的扱いを「否定する」ことが平等主体論の根幹だ、ということである。こうした「否定性」を通じた平等主体論によって伝統的平等論は、平等主体の範囲を拡大したのである。

もっとも平等論を、「否定性」に注目してまとめるのは、本書独自の主張ではない。キリスト教的・社会主義的な共同体論者（コミュニタリアン）とも称され、「生き生きとした開かれた平等主義」（ウォルツァー、一九九九［九］）を主張した米国の哲学者ウォルツァーが、すでに「平等の根本の意味は否定的なものである」〔同上［七］〕、と指摘しているからである。

ただし、ウォルツァー的否定性は、主体の社会的処遇などの「相違の除去」〔同上〕を意味するだけである。他方本書で言う「〜にかかわらず」の「否定性」にはもう一つの意味がある。つまり本書での「〜にかかわらず平等」の「否定性」は、すでに示唆したように、主体の属性や様態上での現実の相違は承認しつつも、同時にそれら相違を主体にとってある意味で無関係・無関与なものとして捨象（→抽象化）する、という意味での「否定性」でもある。この属性や様態を捨象するという「否定性」がまた、結果的に平等主体の処遇の相違を除去して、平等主体を際立たせる「否定性」にもなるのである。

たとえ観念的操作であるにせよ、重度障がい者の重度障がいを捨象（「否定」）することで、健常者と同じ平等主体が主張できることになる。この捨象・抽象（「否定」）により重度障がいという不平等の根拠は「否定され」、抽象的ではあれ平等主体は鮮明になり拡大するのである。

それは、(1)－⑤性にかかわらず平等を考えても明白である。性（セックス）という自然上の属性の相違は現実に存在する。すなわち男か女か、外見は男〔女〕だがセクシュアルには女〔男〕とか、ホモ・バイセクシュアルなどである。それらの相違を理由にした差別的な処遇をしないという点で、現実の相違に無関与になる「否定性」があってこそ、性にかかわらず平等が可能になる。

(9)平等主体を否定する問題

しかしまた、「否定性（捨象）」を通じて析出される同じ平等主体に、同時に「否定（捨象）」できない（されない）属性や様態が残り、これが不平等の根拠となる問題がある。たとえば(1)－①血縁・身分・財産にかかわらず平等はかなり実現し、この点では多くの平等主体が成立している。だが(1)－⑤性にかかわらず平等は、女性差別を典型に実現されていないこともある。つまり血縁・身分などは捨象されても、性は捨象されずに不平等の根拠にされるのである。より一般的に言えば、「～にかかわらず平等」により特定の平等主体を説く平等主体論は、他の主体に関する不平等を自明視しているので、「不平等と一体の平等」論であったということでもある。

さらに、「～にかかわらず平等」という平等主体論には、より根本的な大問題もある。それは、抽象的な平等主体という言葉にすでに感じられるある種の危うさでもあるが、歴史的にはカント哲学の物自体（魂自体）論が示した問題点でもあった。

カントは、「公民〔市民〕としては不平等でも人間としては平等である」（カント、一九六六〔九六〕）と主張し、社会生活で家長やブルジョアなどの属性を持つ具体的な公民（市民）ではなく、それら属性すべてを捨象（「否定」）した「人間自体」にのみ平等を認めた。

この人間自体は、平等主体を拡大する主張と深く関連するのだが、カントは、人間のさまざまな属性や様態のみならず肉体までをも捨象した人格ないし魂自体（物自体）を説き、これを自由で平等な人間存在としかねない主張をしたのである（こうした議論はルターなど宗教者にもあった）。このカントの議論を、ヘーゲルは次のように痛烈に批判した。

「肉体が虐待されて、人格の現存在〔自然性や能力など〕が他人の暴力に屈せしめられても、物自体、たましいは、ふれられず冒されないのだというような区別立てをなしうるのは、理念のない、ソフィスト的悟性でしかない」(ヘーゲル、一九六七〔二四四〕)、と。

つまり「〜にかかわらず平等」という平等主体論の究極には、諸個人の属性や様態を「否定〔捨象・抽象〕し」尽くしてしまった平等主体が登場する。だがそのような平等主体は、いわば幽霊やカント的物自体のごとき空虚なものでしかなく——カント的物自体の哲学史的意義とは別に——、どのように迫害されてもありうる主体とは、実際には差別・抑圧状況の極みにある不平等な主体でしかない。こうした平等主体論は、ヘーゲルの言うとおり、嘘つきという意味でのソフィスト*的な馬鹿げた主張でしかない。

* プラトンが西洋哲学の祖とされてきた哲学史の悪影響もあり、プラトンが批判したソフィストについては、その名称自体が否定的に扱われ、ここでのように虚言癖といった意味で使われがちである。しかし本来ソフィストとは、文字どおりには「知恵の技術者」であり、弁論術などの教師を意味し、ギリシャ時代のソフィスト、ゴルギアスなどは、当時のプラトンには及びもつかない著名人だった(関、一九八二〔九四以下〕)。

以上見てきたように、「〜にかかわらず平等」の「否定性」により析出される平等主体ではあるが、その属性や様態を捨象(「否定」)したままでは真の平等主体は登場せず、「否定性」に頼るだけでは、真の平等主体論には至らない。ここで重要なのは、現実にこれが真に平等主体であるためには何が必要なのか、ということである。

⑽平等主体論の意義と限界

しかし繰り返すが、「～にかかわらず平等」の「否定性」を通じてこそ、平等主体は抽象化しつつも拡大する。言い換えれば、差別（不平等）の根拠になることを「否定する否定性」は、さらに差別の否定自体を、したがって反差別・反抑圧としての平等を意味する。それは、⑴－⑦能力にかかわらず平等にも該当する。個人の私的所有次元では能力を理由にする差別（不平等）について、「能力に『かかわらず』」という言葉で、能力の多寡をある意味では「否定（捨象）」してこそ、差別自体が否定されるからである。

これらの「否定」により、古典近代当初には男の家長であるブルジョアだけであった平等主体が、女も子どもも、国籍も人種もまた障がいの有無も無関係に、文字どおりすべての人に広がる。だが同時に、そうした平等主体の拡大の中で、属性や様態すべてを捨象（「否定」）した幽霊のような平等主体（事実上の不平等主体）を叫ぶだけ、という問題が浮上したのである。

まとめて言えば、平等主体論には、さまざまな属性や様態を「否定（抽象・捨象）」することによる、平等主体拡大の意義があったが、それだけでは抽象的な平等主体は幽霊のごとき存在になってしまう。したがって同時に、抽象的な平等主体を今一度さまざまな属性や様態と結合して、その属性や様態にふさわしい処遇（平等客体）を保障するという課題が出てくる。

一方で属性や様態を捨象しつつ、他方で当の属性や様態にふさわしく処遇するというのは、さしあたりは矛盾した課題だが、やはり矛盾は真理の原則なのである。この矛盾は、特定の平等主体を説きながら、他の主体に関する不平等を自明視してきた、「不平等と一体の平等」論という伝統的平等論全般の矛盾の一つであり、その解決は伝統的平等論では果たせず、現代平等論に持ち越された（一五一頁以下）。

⑾いかなる平等客体か?

平等客体論は、次のようにおよそ七つに区分される。

(2)―①市民権の平等――市民的〔権利の〕平等

(2)―②政治権の平等――政治的〔権利の〕平等

(2)―③社会権の平等――社会的〔権利の〕平等

(2)―④経済権の平等――経済的〔権利の〕平等*

* 経済権は社会権に含めて理解してもよいが、区別したのは、既存の社会権は生活保護などによる経済保障は含むものの、必ずしも経済的平等の実現のみを意図したものとは思われないからである。

(2)―⑤能力の平等*

* この平等は、私的所有次元においては諸個人の差異ある能力を無理矢理に同一にするなどの荒唐無稽な話となるが、能力の共同性論からすれば、一定の、しかしかなり大きな意味を持つ。

(2)－⑥階級・権力の平等

(2)－⑦価値の平等――権威・地位・尊敬などの価値の平等

⑿権利となった平等客体

まず最初に平等客体論全体の特徴を見ておく。

平等客体論も平等主体論と同様に、一部は古代にも見られるが、まとまったものはやはり古典近代以降である。この点ともかかわり、平等主体論と一体で発展した平等客体論の多くは、権利概念と一体となっていることが多い。なぜかと言えば、古典近代以降の権利の多くがじつは平等客体だったのであり、権利概念が平等客体を正当化してきたからである。

実際、平等客体が権利概念として明示され正当化されてきた多くの事例がある。たとえば、古代ポリスのアゴラでの発言資格は、権利概念も定かでない時代の自由人のものでしかなかったが、平等客体ではあった。この発言資格が、古典近代以降は市民権の平等や政治権の平等に含まれてゆくのである。このように、登場当初から長らく権利でなかった平等客体が、後年になってようやく権利になるという歴史がある。したがって当然のことだが、平等客体と権利概念との密接な関係を踏まえる必要がある。

⒀権利ではない平等客体

他方ではしかし、今も世間的には平等客体として、したがってまた権利としては正当化されていないが、平等主義からすれば、平等客体として正当化されるべきものもある。その典型が、⑵－⑤能力の平等と⑵－⑥階級・権力の平等である。

この二つの平等の真の実現は、常識的にははるか彼方にしか展望できず、現時点では権利ですらない。だが前者は、近現代社会の不平等の多くを根底で支えてきた能力主義的不平等を克服するために、能力にかかわる平等を構築するうえで、非常に重要な平等客体である。また後者は、人類史全般の不平等の最大の根拠となっている階級・権力自体を廃棄するための議論として、やはり平等主義からすれば絶対に看過できない平等客体である。

すでに前項でふれたように、歴史を振り返れば、たとえば今では万人の平等な権利である市民権も、かつては権利として認められてはいなかった。そうであるからこそ、現時点ではまだ権利ではないが平等主義からして平等客体とすべきものを権利にしていく、という発想が重要なのである。同時に、今権利としてある平等客体の擁護にも努めねばならない。なぜなら、新自由主義の浸透で、⑵－③社会権などの平等客体を縮減する動きが、大きくなっているからである。

以上と関連して伝統的平等論には、じつは権利であるか否かが不確かな平等客体がある。それが、⑵－④経済権の平等（経済的〔権利の〕平等）である。国内のみならず「発展途上国」との格差を考えるならば、経済的不平等の克服は大きな課題であるはずである。だがこの克服は、課題として提起されはするものの、真にその実現が目指されているかどうかは疑わしい。

そもそもさまざまな平等論議では常に、「富の分配がそれ以外の重要な不平等の形態との関連で果たす役割」（リース、一九七五〔五三〕）が指摘され、富という経済的な不平等の問題が強調されてきた。つまり経済権の平等は、それ自体が重要であるとともに、その可否が他の平等客体の実現を大きく左右する点でも重要なのである。にもかかわらず伝統的平等論では、経済権は明確な権利ではなく、平等客体としても正当には扱われることがほとんどない。

たとえば生活保護や障害者年金などの社会保障でさえ、現実には実質的な経済権の平等を目指すものとはなっていない。だからこそ、次のような不平等を容認する法学論議が今も通用しているのである。「社会保障のための諸法令、諸措置が実質的平等の実現にはほど遠い……としても、それを直接的に平等原則違反の問題としてとらえることは適切とは言えない」（阿部・野中、一九八四〔二五六〕）。

経済権は本来、社会権の一角を占めて、⑵－①市民権と同じ重みを持つ平等客体として尊重されるべきものである。少なくとも平等主義からすれば、そうである。だが経済権の平等（経済的〔権利の〕平等）は、⑵－②政治権の平等（政治的〔権利の〕平等）ほどにも重視されず、この現実は新自由主義により以前以上に容認されている。*

＊　しかも現代日本では、生活保護水準より低い勤労者（ワーキングプア）が労働者の二割近くになりながら、

その生活保護対象からの除外が常態化し、これがまた生活保護費削減の圧力となる悪循環が生じている。この点からも経済権の平等を目指す平等客体論の充実は急務である。

なお近年主張されるベーシック・インカム論は、労働賃金補償でもなく、また富者にも同様に支給するなどの点では、それ自体は経済権の平等論に近い面がなくはない。「『人間の尊厳は不可侵である』という規定にその根拠がある」「所得に対する権利」として、「所得は市民権」（ヴェルナー、二〇〇九［六五］）と主張する点での意義もあると思われる。だが「最低生活水準が保障される」（同上）にとどまる議論や、可処分所得の格差が段階的な消費税や富者の喜捨で解消できるとする楽観論は、平等主義とは言えず、また資本主義市場分析が伴わない点でも不平等にくみする議論にとどまる。*

* ベーシック・インカム論が、市場自体を完全な自由意志のはたらく場にできると空想する点も、またその財源を、生活必需品については低減化を図るなど商品ごとの税率の段階性を言いながらも、多くを五〇％を超える消費税に求めがちな点も、さらにはベーシック・インカムと消費税の「二つのコンセプトは、まさに私たちの『社会主義的な心情』と『新自由主義的な理性』とを宥和させる」（同上［七八、一八八以下］）などといった空理空論を述べることも、およそ平等主義からはほど遠い大問題だと思われる。

⒁多種多様な平等客体

さて、平等客体論の最初に登場する⑵－①市民権の平等は、その多くが「先進国」では実現しているもの、と考えてよいだろう。それは、私有財産の自由、契約・営業の自由、移動・居住の自由、思想信条の自由、学問の自由、職業選択の自由などの権利の平等のほか、人身の自由と重なる暴力などから護られる権利（他者危害禁止原則）の平等を含む。

次の⑵－②政治権の平等は選挙権・被選挙権といった参政権の平等を中心としたものだが、これは市民権の平等に含めることもできる。

こうした市民権の平等に比べれば、その実現の程度が低いのが⑵－③社会権の平等で、これは大きくは社会保障関連のものと労働権〔法〕関連のものとからなる。基盤に生存権がある社会保障は、現代の日本では五つの社会保険（公的年金、公的医療保険、労災保険、雇用保険に公的介護保険）と、生活保護や障害者福祉などの社会福祉や公衆衛生などに区分できる。日本ではそうなっていないが、さらに教育を受ける権利の平等も、本来、社会保障として社会権の平等とすべきである。* 労働権〔法〕関連の社会権の平等は、団結権、団体交渉権、争議（スト）権などからなるが、新自由主義の影響もあって、その実現の程度は近年非常に危うくなりつつある。

＊ なぜなら、授業料や教科書代の無償化等々の経済的基盤があってはじめて教育を受ける権利が真にまた普遍的に実現するからで、経済的な保障自身は、社会福祉などの社会保障の場合とまったく同じだからである。学校選択などの自由権（市民権）の真のまた普遍的な実現も、社会保障的な経済的保障抜きにはありえない。

社会権のこれらの内容は⑵－④経済権とも通じて、両者が一体となる場合も多い。そして既述の経済権の平等の実現が相当難しいように、社会権の平等も未実現の場合が多々ある。

次の(2)－⑤能力の平等は、前章で見たように古典近代のホッブズなども、矛盾をかかえながら一定程度は主張していた。だが現代の能力主義の問題の大きさを考えると、能力の平等や平等主体論の(1)－(7)能力にかかわらず平等には、今こそ大きな関心がよせられるべきだろう。

伝統的平等論の枠内では、また平等を同一性に還元しがちな日常意識に従う限り、能力の平等は、諸個人の能力の同一化を図ろうとするような荒唐無稽な話に陥るだけだが、そうなるのは能力把握が個人還元主義一辺倒になり、また私的所有物としての能力把握に囚われすぎているからである。そのように囚われず、能力自体の共同性を捉えることができれば、能力の平等論の意義も浮上するが、その点についても、本書第3章で論じる。
(2)－⑥階級・権力の平等論は、一見、平等論の課題を階級の廃棄のみに還元しがちなマルクス主義的議論だと思われるかもしれない。だが、階級・権力の平等論は、階級の廃棄によるマルクス的平等（四九頁）というよりも、ルソーの小農民たちの共和制論やサンキュロット*の中小業者の結合論による。

* 貴族の服装の象徴でもあった短いズボン（キュロット）を持ちえない者、という名称が示しているように、サンキュロットは、フランス革命時に、第三階級の中でもとくに手工業者・職人・小農民を指し、ブルジョアには敵対して生存保障のための共同体的諸権利を防衛しようとし、消費財の公定価格なども要求した。

もっとも、階級の廃止論には至っていないこの階級・権力の平等の実現も、現代が、国家間格差はもとより「先進国」内格差もはなはだしい多国籍企業化時代であり、これを支える米国を頂点とする現代帝国主義同盟とこれによる実質的な世界支配を考えると前途遼遠な課題である。階級・権力の平等は、別角度から見れば、階級や権力の廃棄の展望と深く関連した人類史上の最大級の問題の一つであり、本書ではこれ以上扱えないが、平等論としての階級・権力の平等論の意義は心にとどめておいてほしい。

最後の(2)－⑦価値の平等は、すべての諸個人・諸集団はいかに多様であっても、平等主体としては同一価値を持つ、という考えから、権威・地位・尊敬などの価値の平等を保障する重要な平等客体論である。この平等主体としての権威・地位・尊敬などの価値の平等についても、本書ではその意義を確認するにとどまり、内容的な展開は割愛せざるをえないが、その重要性は指摘しておきたい。

⒂平等客体の増大

先に見た平等主体論は、属性や様態を捨象する「否定性」という消極的径路を通じて、平等主体を拡大してきた。対するにこの平等客体論は、直接に平等客体を量質・種類ともに増大させるという積極的径路で平等を拡大・深化させてきた。(2)－①市民権の平等から(2)－④経済権の平等（八四頁）までは、ほぼ順に増大してきた平等客体を示している。

古典近代の初期に市民権の平等が登場し、遅れて一八世紀後半から一九世紀にかけて(2)－②政治権の平等が加わった。それら権利の平等は、米国「独立宣言」やフランス革命「人および市民の諸権利宣言」に見られるが、ブルジョアの男の家長に限定されていたものなので真の平等客体ではなかった。

つまり「先進国」内でも、市民権と政治権の平等客体としての真の実現は、最終的には第二次世界大戦後にもたらされた。さらには、これら市民権の平等などより登場が遅れた(2)―③社会権の平等は、平等客体としての地位が現代でも確固としていない。だがこの不安定な社会権の平等を含めて、平等客体は歴史の進展とともに着実に増大してきている。それは、貴族出身でありながら平民中心の平等主義の歴史的必然を認め、米国独立革命の意義を評価したトクヴィルの主張にも見ることができる（トクヴィル、一九八七［九九―一二〇］）。

以上の点で英国の社会理論家マーシャルが、権利論史を一八世紀の市民的権利、一九世紀の政治的権利、二〇世紀の社会的権利という具合に単線的累積的な発展と特徴づけたことは（マーシャル、一九九三［三七以下］）、平等客体の歴史的増大に直接該当しているように見える。だがここで留意すべきことは、市民権や政治権の平等が、真に平等客体に拡大してゆく過程（平等客体の拡大の過程）での、社会権の平等の役割である。

前章末でも見たが、社会権の平等は、その初歩的なものが一九世紀後半にようやく、しかも帝国主義や優生思想と一体となって登場した。そうでありつつも、社会権の平等の登場こそが、ブルジョアの男の家長に限定されていた当初の市民権や政治権の主体を多数者とし、市民権などを真の平等客体にしていったのである（竹内、二〇〇一［一五三―一五六］）。これはクリストファー・ピアソンのマーシャル批判にあるように、権利論（平等客体）の発展が市民権の平等→社会権の平等の単線的累積的発展では説明できない、ということでもある（ピアソン、一九九六［七四－七五］）。だが、少なくとも平等客体には増大傾向が見られたことは確かである。

既述のように、平等客体か否かにあいまいなところもある(2)－④経済権（経済的権利）も、その一部は累進課税や初歩的社会保険などで社会権に加わっていった。これらも平等客体の増大を示す明確な事実である。しかし、いまだ実現の緒にすらついていない(2)－⑤能力の平等などもある。したがって、平等主義からすれば、平等客体に含まれていないものを新たな平等客体とし、また権利にしていく必要があるのである。

⒃平等客体の縮減

これまで平等客体が増大してきたことを見てきたが、現在それが縮小に向かう歴史の歯車の逆転が生じている。この縮小傾向を端的に表しているのが、(2)－④経済権の平等を否定し(2)－③社会権の平等を縮減する新自由主義的な現実である。それは、二一世紀の開始を前後して、平等に敵対する経済格差を容認する政権が誕生し、格差と貧困による不平等が拡大している現実でもある。*

＊　格差問題の実態には本書ではふれられないが、私も参加し格差社会を克服するための課題を示した、後藤ほか、二〇〇七を参照されたい。

こうした格差問題には、「先進国」内に限っても、増大する非正規雇用者と正規雇用者との格差拡大、多国籍企業下の市場秩序での勝者と敗者・不適合者との格差拡大、生活保護からの切り捨てなどによる社会保障からの排除など、膨大にある。これらにかかわる経済権の平等への政策的取り組みは基本的には放置され、格差が拡大しているのが現状である。

また原理的に平等客体の縮小のより深刻な問題は、経済権の平等を含んで理解される社会権の平等全体が、現在では当然のように縮小されつつあることである。

社会権という平等客体は本来、諸個人の経済的地位や労働能力などの市場秩序的要因とは無関係に保障されるべきものである。つまり先にも引用したが、「社会的権利の内容は、それを要求する個人の経済的価値によって決まるのではない」（マーシャル、一九九三〔五五－五六〕）はずである。

ところが現代日本では、たとえば公的介護保険*導入を狙った一九九四年の社会保障制度審議会社会保障将来像委員会第二次報告書が、「保険料を負担する見かえりとして、受給は権利であるという意識を持たせる」などと明言しているように、社会権を、保険料負担ができるか否かという「個人の経済的価値」に依存させようとしている。これは、事実上の社会権の否定であり、平等客体を縮減して不平等主義を拡大しようとするものである。

＊　二〇〇〇年施行の公的介護保険は、税金でまかなうのが基本である社会福祉（高齢者福祉）を、社会保険料を被保険者から徴収する市場秩序に近い制度に変えたもので、ここには社会権の後退がある。

この報告書は事実上、保険料（私的所有物）を支払えない人からの社会権の剝奪を宣言しており、社会権の平等を否定している。*それは、私的所有物相互の商品等価交換関係とは、本来は別次元にある社会権とその平等固有の意義を、見失わせるものでもある。

* 国民健康保険については一九九〇年代後半から、保険料滞納世帯（二〇〇〇年三七〇万世帯から二〇〇四年四六一万世帯へ激増）からの国民健康保険証剝奪とこれに代えての短期保険証（六か月で期限）や資格証明書（窓口で一〇割負担）の発行が目立ち始めた。ここには社会権の完全な否定がある。

以上のような議論は、今になって突如として現れたものではない。そのある種の震源は、ハイエクの主張に見ることができる。彼によれば、社会権の平等を具体化した社会保障は、本来は「現代の条件に適応した、たんなる古き救貧法」（ハイエク、一九八六－八七ａ・七巻［四七］）、つまり為政者による恩恵にすぎず、社会権なる権利は本来ない。また社会保障の財源は累進課税による強制徴収の所得税などだが、これについてもハイエクは、「強制的所得移転をひとつの法律上の権利とすることは……、それが慈善にとどまる事実を変えはしない」（同上［五六］）、と言って社会権を強固に否定するのである。

以上は、米国の新自由主義者ミルトン・フリードマンの一九七〇年代の次の発言とも重なる。「貧困と呼ぶ状態の……一つの頼みの綱、しかもいろんな点で最も望ましいものは、私的な慈善である」（フリードマン、一九七五［二一四］）。これらの発言は社会権を権利から除外し、権利としての平等客体を⑵－①市民権のみに限定するものである。

ほかにも、政治的自由など市民権の平等は賞揚しつつも、社会権である「福祉の権利と呼ばれるものは、各人の自由を犠牲にした時だけ尊重されるものであるから、これを認めることはできない」（スミス、一九九七［三二六］）と公言する学者もいる。現代の平等主義には、こうした社会権の平等を否定する動きを批判して、平等客体の縮小・縮減を許さず、また平等客体を維持・拡大する、という大きな課題がある。

⒄平等客体相互の関連

平等客体については、より厳密にまた原理的に見ておくべきことがある。

それは、平等客体は、相互関係ないしある種の因果関係の中で存在しているということである。とくに⑵—①市民権の平等および⑵—②政治権の平等と、⑵—③社会権の平等および⑵—④経済権の平等との間には、歴史的にもまた現代でも、相互関係ないしある種の因果関係がある。以下では、政治権は市民権に、また経済権は社会権に含めて、市民権の平等と社会権の平等との関係としてまとめて考える。この相互関係ないし因果関係には二通りある。

その第一はすでに示唆したが（九二頁）、市民権の平等が真に実現するためには、現実には社会権の平等があらかじめ実現していなくてはならない、という相互関係である。第二は、市民権の平等の一部を制限してはじめて、社会権の平等が実現する、という相互関係である。以下、やや詳しく見ていきたい。

⒅社会権の平等が前提

第一番目の相互関係は簡単に言えば、たとえば⑵－③社会権の平等が実現していない中では食うにも困る極貧困者にとっては、居住・移動の自由における平等などの⑵－①市民権の平等は絵に描いた餅にすぎない、ということである。

あるいは、本来は社会権の平等である公教育などの教育を受ける権利が実現していなければ、学問や思想の自由がいくら謳われても、それらにかかわる市民権の平等は真には実現しないだろう。つまり社会権の平等が享受されなければ、市民権の平等という平等客体は、その力を発揮することはできず、現実には、能力や財産などの私的所有物（property）を一定程度以上所有する者だけに限定され、平等客体ではなくなるのである。

このように市民権の平等の前提に、社会権の平等が位置づかねばならない、という相互関係がある。さらには多くの人が平等主体として、市民権や⑵－②政治権を行使するには、それらの理解などについて、ある程度は⑵－⑤能力の平等が必要であり、そのための教育についても社会権の平等や⑵－④経済権の平等が必要だ、という相互関係もある。

もちろん、思想信条や報道の自由の市民権の平等があってこそ、飢餓や貧困をもたらす政府の悪政や無策が改善されるという面もある（セン、一九九一）。つまり市民権なしでは、社会権が実現されない面があることも確かである。見てきたように、市民権の平等と社会権の平等は、字句どおりの相互依存関係のうちになくてはならないのである。

だが、これまでは、このような相互関係が顧みられることはほとんどなかった。戦後日本の労働法研究をリードしてきた研究者も、市民権を社会権の前提としただけで、社会権と市民権との相互関係を真に考えることはなかった。たとえば、「基本的人権は市民的人権〔市民権〕と社会的人権〔社会権〕に大別できるが、後者は前者を普遍的契機として、ないしは一般的前提として含んでいる……。刑法によって護られる生命・健康の権利は生存権の基本的一般的前提である」（沼田、一九八〇〔四五〕）、と、市民権を社会権の前提とする主張のみがなされてきたのである。

そして逆に、「市民的人権は社会的人権を普遍的契機として含む」、生存権を保障する「社会法により護られる生命・健康の権利は、刑法により保障される市民的人権の基本的一般的前提だ」と言われたことはない。ここには法学における、市民権〔法〕偏重と社会権〔法〕軽視の歴史的な問題が見られる。

⒆市民権の制限

⑵－①市民権の平等と⑵－③社会権の平等との相互関係の第二番目は、市民権の平等の一部の制限なくしては後者の社会権の平等がありえない、ということである。

たとえば、私有財産権という市民権の平等の一部を制限して累進課税を実施しなければ、社会権の平等のための財政的基盤をつくることはできないことなどがあてはまる。*

＊ なぜなら、社会保障の権利の普遍的実現に典型的な社会権の平等は、その基礎に、富者から貧者への所得再配分を通じた経済的平等への接近がなくてはならないからである。そして所得再配分は、当初の私的所有権を制限して富者の所得税率を数十％などと高く、貧者のそれを数％あるいはゼロとする累進課税によってこそ果たされるからである。

しかし現実には、市民権の平等が先行する一方、社会権の平等は看過されがちであり、市民権の制限は躊躇されることが多かった。これに拍車をかけたのが新自由主義である。

たとえば一九八九年の消費税導入時までは、給与から必要経費等を控除した所得額が五〇〇〇万円以上には所得税率は最高六七％であり、税率も一二段階に区分され相当な累進性が確保されていた（＝市民権の平等の一部制限による社会権の平等の追求）。しかし二〇〇七年現在では、区分は六段階になり、また所得額一八〇〇万円以上の場合、最高税率は四〇％と下げられ、累進性は低下した。これは実際には社会権の平等の破壊である。

市民権の制限を断固拒否して社会権の平等の徹底した破壊を主張したのが、新自由主義者（＝リバタリアン＝自由至上主義者）ノージックである。彼は、「勤労収入への課税は、強制労働と変わりがない」（ノージック、一九八九［二八四］）と言い、所得税課税を人身の自由や所有を侵害する強盗・泥棒と同じとみなし、課税自体をやめよと主張したのである。これは、所有権という市民権を絶対視してその制限をいっさい認めず、社会権の財政基盤を抹消しようとするものである。

また契約をめぐる問題も、市民権の平等の一部が制限されなければ、社会権の平等が実現しない一例である。資本家に有利な契約の自由権（市民権）の制限なくしては、憲法二八条が保障する労働者の労働権（社会権）が、またそのための団体交渉権などが実現できず、労働をめぐる平等は実現しない。

つまり資本家・経営者集団の契約の自由権を制限してはじめて、労働組合結成から始まる団結権、団体交渉権、争議権という社会権が実現する。契約の自由権（市民権）が無制約に効力を持つなら、労働契約のための交渉も双方が同意しなければ成立しないことになるから、たとえば資本家側は、自らが不利になるような、労働組合との交渉を拒否することもでき、団結権をはじめとした労働権〔法〕関係の社会権的な平等は否定される。個人間の契約の自由を制限して、労働組合による団体交渉を通じた契約を資本家側に強制することがなければ、労働側の労働権に具体化される社会権的な平等もないのである。

市民権の一部が公共の福祉のために制限される際も同様である。たとえば公害とその発生源などに関して、多数住民の健康権（生存権）の保持という公共の福祉（社会権）の実現のためには、企業の私有財産権や契約や営業の自由などの市民権が一部は制限されねばならないのである（実際には、こうした命にかかわることでですら、営業の自由権などが優先されがちだったが）。

なお(2)－⑤能力の平等、(2)－⑥階級・権力の平等、(2)－⑦価値の平等などの実現にも、また市民権の平等や社会権の平等が必要だという相互関係がある。これらの点の詳論については、本書では割愛せざるをえないが、以上の例示や本書のこの後の展開に示唆するところがあるはずである。

⒇いかなる平等連関か？

さて次の伝統的平等論における平等連関論は、およそ次のように五つに区分される。

(3)－①絶対的平等と相対的平等*

* 相対的平等は下記の比例的平等と同一視される場合があるが、ここでは、主体や客体の間で完全な同一性が成立する場合を絶対的平等とし、それに近づくことに相対的平等を限定している。

(3)－②形式的平等と実質的平等

(3)－③匡正《きょうせい》的平等（⇔報復的平等）*

* 匡正的平等と報復的平等はともに法などの侵犯があった場合に鑑みられるものだが、匡正的平等は誤りを正して正義を回復する次元にあり、報復的平等は目には目を歯には歯をなどの復讐要因が濃厚なものである。

(3)－④比例的平等

(3)－⑤機会の平等と結果の平等

先にも述べたが、平等連関論は、平等主体や平等客体各々を直接に問うのではなく、双方を同時に射程におさめて双方の連関そのものを問い、平等という事態・平等の構造を確定する。こうしたこともあって、平等連関論は、最も古くからあり伝統的平等論の最高審級でもあった。

なお以上の区分の中身については、平等主体論や平等客体論ほどには自明ではないと思われる。そこで以下では、五つの区分について順に解説し、その中で平等連関論の特徴（意義と問題点）を述べたい。

⑵絶対的平等

⑶－①絶対的平等の典型は、多くの平等主体の⑵－①市民権の平等に関して見られる（ただし、国籍保持者に限定されることが多いが）。市民権に関しては多くの場合、国籍以外の血縁や性や時には年齢なども一切無関係に、すべての人が完全に同一な平等主体となり、その主体に、人身や思想信条の自由などの市民権が完全に同一な平等客体として配分される。この完全に同一という点に絶対的平等と言われる所以がある。

絶対的平等は、平等主体論が主体をすべて同一の平等主体とする点では、平等主体論全般に妥当しそうだが、妥当しないこともある。たとえば⑶－②形式的平等と実質的平等の観点からすると、⑴－⑤性にかかわらず平等に基づく同一の平等主体が、完全に同一の絶対的平等であるのは、いまだに法文上の形式的平等としてでしかないことが多く、実質的平等としてではない。それは男女の賃金の平等が、労働基準法などの法文といった形式上のことでしかなく、企業現場などで実質的には賃金差別が横行していることからも明らかである。

ましてや⑴－⑥階級・権力にかかわらず平等や、⑴－⑦能力にかかわらず平等による平等主体の成立は、絶対的平等ではない場合が大半である。たとえば「どんな重度障がい者も同じ人間だ」という発言中には、たしかに能力にかかわらず平等に基づく同一の平等主体という絶対的平等がある。だがそれは、実質的な社会生活においてはほど遠い状況にあり、形式的平等でしかない（実質性にもよるが、社会・文化のあり方しだいで、重度の障がい者も含む絶対的平等がありうることは第3、4章で示唆する）。

完全に同一の(2)－③社会権を持つという社会権（平等客体）の絶対的平等も、やはり法文上の形式的平等という次元でしかないことが多い。たとえば富や教養の多くから排除された階層には、生活保護や障害者年金などの社会権の法文上の内容が周知されず、現実には彼らは社会権を奪われ、実質的平等という次元では彼らの社会権は絶対的平等には届かない場合も多い。

以上の多くに関しては、平等主義からすると、同一の平等主体が同一の平等客体を享受するという絶対的平等を実現すべきである。とくに誰しも平等主体としては絶対に同一という発想は、平等主体論における既述の「否定性」の徹底と重なり、非常に重要である。

だが平等客体に関しては、常に絶対的平等が善いわけではない。たとえば健常者と障がい者との間では、ある種の平等客体については絶対的平等（同一性）ではなく、差異ある平等客体こそが重要になる。(3)－④比例的平等の例でもあるが、聾者が健常者と同一の(2)－②政治権の平等などを実現するには、手話通訳環境などの社会権にかかわる差異ある平等客体が必要になる。

その際に絶対的平等の重要性のみを重視し、健常者も聾者も手話通訳環境を無視した同一の状況におくならば、それは絶対的「平等」という名の下で不平等を正当化するにすぎない。一方で絶対的平等（同一性）が必要でも、他方では差異（非同一性）を重視する平等（≒比例的平等）を平等主義として目指すべき場合もあるわけである。

だが、この後すぐにふれる差異を認める平等は、今見た比例的平等のみならず相対的平等の場合も含めて、絶対的平等が未実現の不平等な状況を隠蔽し正当化する場合もある。

⑵⑵相対的平等

さて⑶－①相対的平等とは、端的には⑶－①絶対的平等（とくに平等客体について）が不可能な際に、既存の何らかの不平等な状態を改善して絶対的平等に近づくことである。

たとえば平等客体に重点をおいて相対的平等の単純な例をあげてみるが、Aさんの所得が一〇万円、Bさんの所得が一万円という状態から、Aさんの所得が一一万円に、Bさんの所得が五万円になるとする。この後者の状態でも所得の絶対的平等は達成されていないが、前者の状態に比べれば差引格差も比率格差*も是正されており、相対的平等が実現したことになる。

＊　AとBとの所得の差（差引格差）は当初状態の九（一〇－一）万円から六（一一－五）万円に縮小し、比率格差も一〇対一（一一〇対一一）から一一対五（一一〇対五〇）に縮小している。

相対的平等には絶対的平等の実現が困難な場合でも、そこに少しでも近づくという意義がある。現にある絶対的貧困や経済格差を、少しでも減らす場合などである。

しかし同時に相対的平等には、絶対的平等の未達成を隠蔽するという問題もある。たとえば現実の社会保障の多くのように、相対的平等の実現をもって社会保障の達成とされて、このことによって平等の実現が装われ、絶対的平等の未達成という不平等が隠蔽・正当化されることなどである。それは、法の下での平等を定め、差別を禁止した憲法一四条についての次のような解釈に見られる。

「〔憲法一四条は〕経済的能力に基づく法的に不合理な差別を禁止するというにとどまり、事実上の経済的不平等の積極的解消については、憲法二五条の生存権規定……にその課題を委ねている」(阿部・野中、一九八四〔一八五〕)。これでは、結局、憲法一四条による差別禁止(平等)は絶対的平等の実現に至らず、二五条の生活保護などによる生存権保障に、つまりは相対的平等にとどめられてしまう。そして、相対的平等の、「平等」という名の下で経済的不平等の解消(絶対的平等の実現)に向かう努力が放棄され、既存の不平等が正当化されてしまうのである。

㉓形式的平等と実質的平等

すでにふれたが、法文上での男女平等などの(3)―②形式的平等が、選挙権におけるように現実の(3)―②実質的平等に直結している場合もある。だが形式的平等は、労働生活上での男女間の賃金格差のように、実質的不平等となる場合も多い。

しかも現実の実質的不平等が、法文上や表面的な言葉による形式的平等のために隠蔽され正当化されることもある。そうしたことは、男女間での賃金格差（不平等・差別）だけでなく、根深く現在にまで至る日本におけるアジア諸民族に対する民族差別（不平等）などにも見られるだろう。

伝統的平等論の多くにおいては、このような形式的平等と実質的平等論、さらには実質的不平等論が該当する。たとえば、平等主体論に重きをおいて考えるとすぐにわかることがある。

社会生活においては、(1)－①血縁・身分・財産にかかわらず平等、(1)－②人種・民族にかかわらず平等、(1)－③宗教・門地にかかわらず平等、(1)－④思想信条にかかわらず平等は、平等客体を同時に考えてもかなりの程度実現しており、これらは実質的平等だと言える。だがすでに示してきたように、(1)－⑤性にかかわらず平等は、法文上の形式的平等でしかないことも多い。ましてや(1)－⑥階級・権力にかかわらず平等は、まったくの形式的平等にすぎず、現実の実質的不平等は容認されがちである。

また、平等客体論の(2)－④経済権の平等にかかわって(3)－①絶対的平等と相対的平等を考えると、経済権の平等（経済的平等）を絶対的平等だとは言っても、それはたんなる形式的平等にすぎないのが現状である。たとえば生活保護行政を見てもわかるように、経済権の平等は、貧困が多少解消される程度の相対的平等であるのが関の山で、実質的には不平等であることが圧倒的に多いからである。

だが、当初の「すべての人が権利主体」という法文上での形式的平等（実態の権利主体は西欧ブルジョア男性の家長）が、市民権については実質的平等に向かったのがその後の歴史であり、徐々にだが男性のすべてに、また非西欧において、さらには女性にも、と権利主体の平等が拡大していった。その先駆けは、やはり形式的平等としての市民権の平等で、「すべての人が権利主体」とされたことだった。したがって形式的平等論にも歴史的意義があり、このように実質的平等への形式的平等の進展は、ある程度は伝統的平等論の中でも確認される。形式的平等論と実質的平等論は「不平等と一体の平等」論ではあるが、それを超える契機を内在させていたとも言えるのである。

㉔匡正的平等（⇕報復的平等）

報復的平等論は、犯罪による被害などを受けた側からの、犯罪と同じ暴力などによる私刑的な仕返しの正当化論である。それは、目には目を歯には歯をなどの標語で知られ、一部宗教などで自明視されてきたものである。だが法治を旨とし私刑を禁ずる近代社会以降では、報復的平等はほとんど議論されず、本書でもこれ以上はふれない。

(3)－③匡正的平等論は、報復的平等の問題点を克服するものとして位置づけられる。たんなる仕返しではなく、犯罪などにより犯された正義を回復することに主眼をおくのが匡正的平等である。匡正的平等論が平等論たる所以は、侵犯される以前の正義と同一の正義を回復する、その回復前と後での同一性に平等を見出すからである。

だが、この同一の正義の回復は、たとえば犯罪者の更生のための刑罰が犯罪の質や程度に応じて具体化され、他方で被害者への補償が被害の程度や質に応じて具体化されて――これは(3)－④比例的平等や(3)－

①相対的平等にあたる――、はじめて平等という意味を持つ。しかも犯罪者の人間としての尊厳の保持など――これは(3)―①絶対的平等や(3)―②形式的平等にあたる――の点でも平等を考慮せざるをえない。したがって匡正的平等は、他の平等連関論に左右されるもので、その独自性は少ないと考えられるため、本書ではこれ以上はふれない。

(25)比例的平等

(3)―④比例的平等は、もし能力や業績などについて、単純な数値化が可能だとすると、わかりやすいものである。たとえば能力・業績が一〇単位のAさんとそれが八単位のBさんがいた場合、Aさんの報酬を一万円、Bさんのそれを八〇〇〇円とすれば、比例的平等は実現する。

これは、歴史的にはアリストテレスの笛吹きと笛の例（三六頁）や、ルソーによる人為的平等の議論にあった（四七―四八頁）ものである。要は、AさんとBさんについて、能力・業績の比の一〇対八と報酬の比一万円対八〇〇〇円とが等しいので（つまり比が同一であるので）、同一性としての平等を捉えた比例的平等が成立する。これはまた報酬には限らず、能力を典型とする諸個人の属性や様態に「応じて」平等客体を付与することとしても捉えられる。

つまり能力などの様態の「低い」（「高い」）者に、「低さ」（「高さ」）に応じて「分相応に」（比例して）「低い」（「高い」）処遇や教育程度を配分すれば、それが比例的平等なのである。

比例的平等は、「能力に応じて働き、働きに応じて受け取る」という、マルクスも想定したコミュニズムの低次段階の原理にもなるが（五〇―五二頁）、これは市場的な、純粋な能力主義の原理でもある。したがって平等主義からすれば、こうした比例的平等は真には不平等でもある。レイの『平等論』は、この点について明確に、「比例的平等の効果は、市場システムに特有の、大半のあるいは多くの不平等を正当化する」（竹内、一九九九〔六二〕）と述べていた。つまり比例的平等は、端的には、労働に応じる不平等を正当化する「不平等と一体の平等」論なのである。

だが他方で伝統的平等論による展開は少なかったが、比例的平等論にはとくに社会権にかかわる平等論を真に豊かにする契機もあった。比例的平等論は、非同一性（差異性）としての平等を示し、それが個人の属性や様態に真に応じる平等、すなわち「差異ある平等」に繋がることもあったのである。

それは、前章で紹介したセンの〈基本的潜在能力の平等論〉にも見られ（六六―六八頁）、さらには、諸個人の能力などに本当に「ふさわしい」処遇の付与をもって平等とする議論にも至るものである。

なぜかと言えば、能力などに応じる平等という比例的平等には、もっと言えば「応じる」ことには二つの異なる内容があるからである。このことは、能力の「低さ」にどう「応じる」かということを例に考えてみれば、わかりやすい。その一つは、能力の「低い」者はその「低さ」に「分相応に」低い処遇、低い教育程度などが配分されても仕方がない、そうした能力主義こそが平等だ、という議論である。だが「応じる」にはもう一つの含意があり、それが伝統的平等論以上に平等論を豊かにする比例的平等論に繋がる。

それは、能力の「低さ」などに本当に「ふさわしく」、「低さ」を真に補うていねいな処遇、より個人の成長などに真に「ふさわしい」処遇をするという意味の「応じる」である。

以上の話を、平等客体に関してもう少し具体的に見てみる。たとえば下肢が不自由な身体障がい（様態）を持つ人の移動の自由を保障するには、車椅子とそれが自由に移動できる道路や建物――段差なしの歩道や緩やかなスロープなど――が必要である。そうした障がい者への車椅子などの配分と、健常者への普通の道路や階段の付与とはともに、移動の自由を保障するに「ふさわしい」比例的に平等な処遇である。身体障がいには車椅子などが「ふさわしく」、健常者には階段が「ふさわしく」、その「ふさわしさ」が比例という同一性（平等）でもある。しかもこうした話は、社会権の平等に直結してもいる。

「分相応」と解釈し、「低い」能力に応じて「低い」、非人間的処遇を付与すれば、これは不平等（差別）である。だが障がい者や高齢者の能力などの様態に真に「ふさわしい」（「分相応」ではない）適切なケアや処遇を付与すれば、それは真の平等である。

歴史的には十分に展開されてきたわけではないが、比例的平等論が「不平等と一体の平等」論であった段階から、真に平等主義的な議論へとある程度は展開してきたことを看過すべきではない。

㉖機会の平等と結果の平等

伝統的平等論においても日常意識的にも、機会は、個人の外にある何かを実現するための何らかの客観的な場・契機であり、チャンス（chance）の訳語と考えられがちである。そして機会を利用して一定の結果を得るのは、個人の能力や努力によるものだというのも一般的理解である。しかも多くの場合、個人の能力や努力について、能力や努力を担保する経済力などその他の条件は顧慮されず、しかも(3)－⑤機会の平等概念は、たとえば経済的平等の保障は含まないと考えられている。

したがって機会の平等は重視されるが、個人の能力や私有財産しだいで結果が不平等になるのは当然で、機会の平等は(3)－⑤結果の平等には繋がらないことになる。この多々ある既存の機会平等論で最も問題なのは、平等主義からすれば不平等な結果を伴う機会平等が「平等」という名称を持つ点である。機会平等には、「平等」の名の下に結果の不平等を正当化する大問題があるとも言える。

だからこそ新自由主義が横行している現在、格差拡大など不平等なことばかりが進んでいる中でも機会「平等」のみは推奨されるのである。

これらは、伝統的平等論の「不平等と一体の平等」という矛盾の一例でもある。レイの『平等論』では、平等を機会平等に限定しがちな米国の状況を、次のようにまとめている。「効力ある言葉は『機会』であり、これは『権力』『権利』『富』を緩和している。これらは平等に分かち持てない」（竹内、一九九九［八六］）。

つまり米国において機会平等論は、富自体に代えて富への機会を言うことにより、富など平等客体とすべきものについて、これらの平等化を弱め（「緩和して」）、富などは「平等に分かち持てない」と主張して結果の不平等を正当化してきたのである。それは最近、新自由主義者で不平等主義者である竹中平蔵が、他の平等はすべて否定しつつも、次のように機会平等だけは熱心に主張することにも見られる。

「格差を広げないため」の三施策の一つ――他は、失敗後も再挑戦が可能な起業論と「健全財政」が前提のセーフティネット論*――として「機会の平等を確保すること。そのためには規制緩和が必要で……、規制というバリアの中にいる人だけが自由な経済活動ができて、外の人は参加できないというのは機会の不平等以外の何物でもない」（竹中、二〇〇六［一一八－一一九］）。だが、この竹中的規制緩和による「機会平等」は、現実にはすべての人が享受できるものではなく、ＩＴや金融等にかかわる起業機会という市場秩序内の特定機会とその平等でしかない。

＊　富者に有利で貧者に不利な所得税の最高税率四〇％という所得税率を見ても、「健全財政」とは言えないはずである。この点を含む、三施策全般に関する竹中批判については、竹内、二〇〇七を参照されたい。

このような機会平等は、市場秩序的な機会をうまく利用できる者のみが利益（結果）を得、結果的に格差・不平等が拡大する。竹中は「格差を広げない施策」だと言うが、実際には所得などでの格差・不平等を拡大する機会平等でしかない。これが「不平等と一体の平等」論でしかないのは明白である。

ただし、このような新自由主義的な機会平等論者にあっては、機会と結果とは峻別されることが自明の大前提であるかのようだが、平等主義から見れば機会は、より結果に近いものとして解釈可能であり、そこから機会平等と結果平等がより内在的に結びつく議論も成立するのである*（第3章参照）。

＊ハイエクは、社会保障をも組み込みうる機会平等のこの幅広さを理解したほとんど唯一の「優れた」人だった。だからこそ彼は、機会平等を単純には肯定しなかったのである（一二八－一二九頁）。

㉗伝統的平等と平等連関論

伝統的平等論の中で、平等主体論は平等主体を把握し、平等客体論は平等主体が持つ客体（対象＝平等配分グッズ）を把握する。以上に対して平等連関論は、平等という状態・平等という構造全体を示しえたがゆえに、伝統的平等論の最高審級でありえた。

だが平等連関論にも大問題点があった。すでに示唆してきたことだが、それは、平等主義からすれば不平等なことを、「平等」の名の下に正当化することである。平等連関論は、平等主体や平等客体を「平等」の名の下に縮減・縮小し、主体についての不平等（差別・抑圧）や、貧弱な平等客体を「平等」の名の下に肯定しかねないのである。それらはすでに論じたが、再度、簡単にだが総括的に確認したい。

・(3)－①絶対的平等に近づくだけで真には平等を達成しない。
・(3)－①相対的平等が不平等を正当化する。
・(3)－②形式的平等が実生活での(3)－②実質的不平等を隠蔽する。
・(3)－④比例的平等が「平等」の名で「分相応」の処遇を正当化し「弱者」を差別する。
・平等が(3)－⑤機会の平等のみに限定され、そこから生じる結果の不平等が正当化される。

しかし同時に平等連関論は、平等主体論や平等客体論には存在しなかった新たな平等のあり方の契機をはらんでおり、それらは現代平等論に繋がる大きな意義を持った。

平等連関論においてすでに述べてきたこの意義についても、今一度確認しておく。

・絶対的平等への接近という相対的平等は、現実の平等を着実に進展させる意義がある。

・当初は文言上でのことにすぎなかったにせよ、形式的平等が先行したことも平等主義の進展に繋がる意義があり、これらは平等連関論としてはっきり確認できる。

・比例的平等論は、主体の生活や成長に真にふさわしい差異ある平等客体を提起しうる。

・機会平等は、たんにチャンスという客体だけでなく潜在的には主体側の要因を含みうることや、結果平等に接続しうることも、機会の解釈によっては把握できる。

これら平等連関論も、伝統的平等論の「不平等と一体の平等」論という特徴を示しているが、ここで平等主体論と平等客体論も含めて伝統的平等論全体を復習しておきたい。

平等主体論で留意すべきは、特定の平等主体を説く平等主体論は、他の主体に関する不平等を自明視しがちだったことである。しかしにもかかわらず、平等主体の拡大に大きな役割を果たし、平等主義にとって大きな意義があったのが平等主体論だった。

平等客体論で留意すべきは、本来は平等客体となるべきものを平等客体から除外したり、他の平等客体と同一水準で扱わなかったりすることがある点である。しかし、平等客体論が歴史的に平等客体を質量ともに増大させてきた大きな意義は否定されえない。

以上に対して平等という状態・平等という構造全体を示す平等連関論は、上記二つの平等論の不十分さを補い、平等の新たなあり方を示し、平等を主体と客体の双方について拡大・深化する契機があった。その点で平等連関論は、平等主体論と平等客体論とを超えていた。

しかし平等連関論は、現実の平等・不平等が現れる主体と客体自身においては平等を直接には問わない。そのため、主体についての不平等（差別・抑圧）や、その証としての貧弱な平等客体を、「平等」の名の下に肯定することにもなった。

㉘悪平等という言葉

ここに至ってようやくだが、本章の主題の「悪平等はなぜ生まれたか？」に答えを出せるように思う。

本章では伝統的平等論の意義とともに、そのかなりの問題点もあげてきたが、まず第一に、それら問題点が結局は、平等と言えば「良い平等」がなくそのすべてが「悪平等」だという悪いイメージに、つまり「平等＝悪平等」というイメージに繋がっていることである。「不平等と一体の平等」論という矛盾した伝統的平等論からは、少なくとも良いイメージの平等論は登場しにくく、その分、悪いイメージのみが平等論に付着しがちだったと思われる。

もっとも「不平等と一体の平等」論という矛盾した複雑な内容が理解されていれば、そこから平等についての新たな良いイメージへの転換もありえたかもしれない。だが現実には、伝統的平等論すらまともには理解されていない状況が長らく続き、そのことが多大な影響を及ぼして、平等の悪いイメージのみが流通してきたと言える。

そうした状況下で第二に、一方では、平等＝同一性という単純な理解が日常意識を席捲したために、平等とはつまらない話、あるいは荒唐無稽なことという、やはり良いイメージからはほど遠い平等の理解に多くの人が支配されることになった。しかも他方では、ある程度は不平等が解消されて平等が実現しても、多くの不平等を生む人類史が長らく存続してきたため、平等の価値を重視することもさほど多くなかった。

さらに近年においては、新自由主義が本格的に政策化され不平等が増長する中で、平等な世界に対する諦念や不平等な世界を自明視する感覚すら生まれた。そうして不平等な状況が自然なものに見える感覚を持てば、不平等な事態や不平等という言葉も悪いイメージではなくなる。逆に、それほどまでに虐げられた状況で平等を主張することは、悪しきふるまいとさえ思われるようになる。

時に不平等にあらがう際に依拠するものがあっても、それは「不平等と一体の平等」論という、イメージの良くない「平等論」であり、しかも圧倒的に多くの場合は、既述の同一性としての平等でしかなかった。つまり個性や差異などの魅力ある言葉ではなく、多くの場合、魅力のない同一性としての平等しか不平等に抵抗できる言葉はなかった。こうした悲惨な状況が長らく続く中ではよけいに、「良い平等」という言葉が語られることはなく、「悪平等」という言葉のみが流布してきたのではないだろうか。*

＊　加えて、かつて存在した「社会主義・共産主義」を偽って名のった国々で、平等がある程度は実現したとみなされたため、それらの国での多種多様な抑圧や弾圧と平等とが重ねてイメージされることも、「悪平等」の背景にはあったと思われる。

しかし、このままでいいわけはない。平等を真に私たちの手にするためにはどうしたらいいのか、考察を進めたい。

第3章　新たな能力論的平等論と新たな機会平等論

⑴新たな平等論へ

現代の新自由主義による不平等の広まりに真に対抗するためには、ロールズ以降の現代平等論も含めて既存の平等論すべてを再検討し、そのヴァージョンアップを図る必要がある。その中でもとくに二つの平等論〈平等概念〉を喫緊に、根底から問い直し刷新して、新たなものにしなくてはならない。

一つは⑴－②能力にかかわらず平等論と⑵－⑤能力の平等論を発展させるものであり、これを「新能力論的平等論」と名づける。それは、諸個人の能力を同一にするといった荒唐無稽な話ではなく、現実的なものであり、能力主義差別の克服に資することを目指す。新能力論的平等論は、センの〈基本的潜在能力の平等論〉など現代平等論が多少は論じてきたが、これまで本格的には展開されなかったものである。

今一つは、伝統的平等論の⑶－⑤機会の平等と結果の平等を発展させるものであり、これを「新機会平等論」と名づける。これは、伝統的平等論や日常意識が、主体の外のたんなるチャンスとしてきた機会概念の刷新を図る平等論である。つまり機会を、従来の結果概念により近く、またより主体的で能力と深くかかわるものとして捉え、機会概念の拡張と多様化を図って機会の平等を捉えるのである。平等主義にとって新自由主義の最大の問題は、それが平等を従来の機会平等に限定し、また能力にかかわる平等などまったくありえないと決めこんで、これを無視することである。[*] それゆえに、新能力論的平等論と新機会平等論のこの二つの新平等論を、とくに進展させる必要があるのである。

* これと同様の問題点をあげながらも、本書とは若干異なる論点提示として、新自由主義隆盛下の「平等の解釈においては、『結果の平等』があたまから排斥され、政治的・市民的権利における国民としての平等と『機会の平等』のみが平等として容認される」（後藤、二〇〇六［一五］）という指摘がある。本書の主張とこの指摘との異同については次項の議論の中でふれることになる。

⑵新自由主義隆盛下における新機会平等論と新能力論的平等論の意味

新機会平等論と新能力論的平等論とをなぜ重視すべきなのか、もう少し話を進めたい。

まず機会平等論への一般的支持や現実的効力からしても、機会平等は、政治権・市民権の平等と並存するにとどまらない、ということがある。つまり機会平等は、政治的権利などの平等を含むだけでないし、そもそも機会概念自身が事実上、一切の人間活動に伴うきわめて幅広いものなのである。思想信条や職業選択の自由などの市民権（市民的権利）の平等も、思想信条の公表や職業の選択の機会をすべての人が確保しうることを意味する点では機会平等に含まれる。加えて大半の人間の営為には、当の営為の機会が伴うのは自明だから、新自由主義による機会平等の主張も含めて機会概念が幅広いことも自明である。したがって平等主義からすれば、新機会平等論により、これまで狭く把握されてきた機会概念自体を刷新し幅広くして、不平等を強要する新自由主義を大がかりに、また新自由主義に内在的に――機会平等は新自由主義も肯定する――機会平等論を更新しなければならないのである。

他方、新能力論的平等論を強調するのは、能力主義的差別が現代の不平等全般の推進力になっている現状においては、能力にかかわる平等論を結果の平等論とは別に論じることが肝要だからである。別角度から言えば、結果の平等の否定、つまり結果の不平等は、現代では社会権の不平等や経済的不平等を含むだけでなく、能力主義的差別を核心としていると考えるべきだからである。加えて、平等な市民権や政治権を行使する際の現実的基盤の一つが、これら権利を行使しうる能力であるため、この点からも、新たな能力にかかわる平等論の展開が必要なのである。

以上により本章では、新機会平等論と新能力論的平等論の話を中心にして、それらの中で、結果の平等や政治権や市民権も扱っていく。まずは新機会平等論から論じていきたい。*

* 新自由主義の喧伝する不平等の全面的な克服に向かうには、さらに(2)－⑥階級・権力の平等や(1)－⑥階級・権力にかかわらず平等や(2)－⑦価値の平等も、より本格的に取り上げるべきだが、本書ではふれることができない。

(3) 新機会平等論の必要性

前章でふれたが、機会平等と結果の平等を除く平等連関論の大半は、伝統的平等論の枠を超えて、平等主義からして評価されるべき内容を内在させていた。たとえば当初は法文上の表面的な(3)－②形式的平等でしかなかったすべての人の法の下での平等などは、徐々にではあれ歴史とともに、また完全にではないが、市民権の平等などとしては実質的平等となってきている。つまりたんなる形式的平等も、平等の発展に寄与してきたと言える。それは相対的平等や比例的平等にも言えることであり、伝統的平等論の多くには、平等主義に内在的に継承されるべきものがあった。

しかし(3)－⑤機会の平等と結果の平等論における機会平等は、実際には平等主義に継承されるものというより、結果の不平等を正当化する不平等論となる場合が多く、だからこそ機会平等論だけは、新自由主義者などの不平等主義者にも賞揚されてきた。

以上を踏まえると、およそ次の相互関連する三点から、新機会平等論が必要になることがわかる。

第一に機会概念は、人間の営為すべてに伴うきわめて多様なもので、何が機会なのかは活動や行動しだいでかなり違う。たとえば思想信条の自由な公表の機会一つとってみても、出自や性にかかわる機会もあれば、学歴や資格についての機会、さらに公表の際の公費負担の有無の機会など、じつは非常に多様である。伝統的平等論では扱われてこなかったが、この機会の多様さを押さえなければならない。

第二に、機会は客観的な場とか人間の外にある契機であるだけではない。つまり機会自身のうちに、能力などの主体的な条件も付加できるのである。

第三に、機会概念は、従来は結果概念と峻別されてきたが、結果概念の一部を含むほどに、その距離が近くなる場合がある。以下で論じるように、これら三論点とその相互関連の把握によってこそ、機会平等論が深化し、新機会平等論へと刷新されていくはずである。

⑷矮小化されてきた機会平等

伝統的な⑶－⑤機会平等における機会概念は、じつは限定的なものであった。レイの指摘にもあったが（一一一頁）、米国で推奨されてきた機会平等の機会は、富や権力を得るための特定の機会でしかなく、たとえば人間の豊かな成長のための機会ではなかった。

とりわけ新自由主義とその政策が推奨する機会平等における機会概念は、たとえば「経済財政諮問会議答申」や「骨太の方針二〇〇六」が明示するように、けっして全国民に直接かかわるものではないのである。具体的には、起業型自立の意欲や能力がある人――「健全で意欲ある中流層」とされる――や、また彼らの市場参入に該当する機会にすぎない。しかもその起業の大半も、ＩＴ情報技術や金融商品の売買など特定の業種についてだけであり、したがってまた主張されるのも、起業後の潤沢な経営資金を持つ人たちの間での市場参入の機会平等でしかない。そこには、起業家の下で働く勤労者や地道な製造業の労働者にとっての機会平等論はない。このことは、最近の職業選択の自由とはほど遠い就職難と、他方での年収二〇〇〇万円以上の人口増加などからも明らかである。

しかも、そのような特定の狭い機会平等とのセットとしてもたらされる結果の不平等は、新自由主義に限られる主張ではない。それは伝統的な機会平等論のみならず、日常意識の多くも認めてきたことでもある。言い換えれば、結果の不平等を「平等」の名の下に正当化し不平等を隠蔽するはたらきが既存の機会平等論にあったことが認められるのである。この点を米国のエドウィン・ドーンは、三〇年以上も前に『ルールと人種的平等』（エール大学出版局、未邦訳）で指摘していた。

すなわち、何らかの対象Xの平等配分を主張しながら、Xの平等配分が実現できなければ、この平等論的主張は嘘だと非難される。だがXの平等自体ではなく、Xへの機会平等を主張しておけば、Xの平等配分が実現せずとも、Xへの機会平等という「平等論的」主張は非難されないし、「平等」の名の下に不平等を正当化することもできる。こうして不平等な現実を隠蔽する「平等論」の正当化という奇妙な、しかし、しばしば見られる現実が説明される（竹内、一九九九［八五－八六］）。

古典近代以来、「すべての人は平等に生まれ」などという、ある種の平等言説に価値がおかれ、平等は肯定されてきた。だが他方では、私有財産などの経済的条件はもとより、当初は(2)－①市民権についても不平等が容認されてきた。これら平等と不平等との混在状況にマッチした「不平等と一体の平等」論の典型として、機会平等論は存続してきたのである（四〇－四九、八六－九〇頁）。

(5) 機会平等⇕市場競争ワンセット論

「不平等と一体の平等」論化した(3)－⑤機会平等は近年とりわけ、機会平等⇕市場競争ワンセット論とでも言うべき様相を強くしている。このことは、新自由主義者のみならず、一般の人々も承認しがちだと思われる。一九世紀自由主義下での政治論のモデルが市場競争だったことも多大に影響しているだろうが、なんと言っても機会平等⇕市場競争ワンセット論は、新自由主義政策において顕著である。

たとえば、「競争を恐れて互いに切磋琢磨することを忘れれば、社会全体が停滞……。社会全体の豊かさの恩恵に浴するためには、参入機会の平等が確保され、透明かつ適切なルールの下で個人や企業などの民間の経済主体が……しのぎを削る創造性の競争を促進する環境を作り上げることが重要」（日刊工業新聞特別取材班、一九九九［二二五－二二六］）といった「経済戦略会議」などの言説が、その典型である。

もちろん機会平等⇕市場競争ワンセット論のみが機会平等論ではない。この点は、義務教育や社会保障を受ける機会とその平等を想定するだけでも明白である。義務教育などの機会を得たのちに市場競争に参入するにしても、義務教育の機会と市場競争の機会とが必然的にワンセットになるわけではない。

実際、リベラル派のウィリアム・ギャルストンも「機会の平等と自由主義理論」（フランク・S・ルキャッシュ編『正義と平等』コーネル大学出版局、未邦訳）と題した論文で、次のように明言している。「平等な機会のシステムに固有に備わる種類の競争と、市場に特徴的な競争との間には、本来どんな明確な関係もない……。公平な競争は、ある特定職業に対して私に資格があるか否かを証明する。だが私にこの資格があることを証明する能力は、その職業にどんな〔市場競争に基づく〕外的報酬が付与されるべきかを決める権限を私に与えない」(竹内、二〇〇七［一二六－一二七］)。

たしかにギャルストンは、特定の職業にふさわしい能力の持ち主を、資格試験という「公平な競争」などで確定する場合には、市場競争とは別の「公平な競争」と機会平等との結合を認めている。だが職業にふさわしい能力を特定する「公平な競争」は、この能力の持ち主に特定の報酬を付与する市場競争と同じではなく、「公平な競争」と市場競争の間に必然的関係もない。要は不平等に至る市場競争は、公平で平等な競争の機会をもたらさず、したがって、職業を行う労働と報酬・所得との必然的関係も存在しない、とすべきなのである。*

＊　ベーシック・インカム論も「仕事をもっていなくても……所得が必要」という点と「稼得労働をはるかに上回る多くの仕事があ」る点から、「ひどい誤りを犯す原因は、原則的に所得と労働とを結びつけること」(ヴェルナー、二〇〇九［六七－六八］)にあるとし、ギャルストンと同じ結論を示す場合がある。

したがって機会平等⇔市場競争ワンセット論が常に正しいわけではない。つまり、伝統的平等論で「不平等と一体の平等」論でしかなかった機会平等論も、新たに捉え直せば、不平等に至る市場競争とだけではなく、真の平等をもたらす社会保障などとも結合しうるのである。

(6)保守も革新も非難した機会平等論

「不平等と一体の平等」である(3)－⑤機会平等の典型的矛盾は、新自由主義とも一体化しうるネオコン（新保守主義）などの保守（コンサーヴァティヴ）と、新自由主義を批判する革新（ラディカル）という正反対の政治陣営が、ともに機会平等を攻撃してきたことがある点に見られる。

すなわち新自由主義などとも一体化した保守派からすれば、機会平等を実現するには、市場競争秩序内での自由で私的なボランタリーな関係を制限し、競争の出発点（機会のあり方）や平等の判断基準や平等な参加資格などを特定せねばならない。そして、そうした機会平等の実現は、法的規制を典型とする過度の国家介入・行政介入を招くので、機会平等には反対だということになる。そこには、競争の出発点や参加資格などにおける格差、さらには階層上の差別を当然とする保守派本来の姿もつけ加わる。

新自由主義者が機会平等に反対する場合があるなど、意外だと思う人も多いだろう。だが、たとえば新自由主義者（＝リバタリアン）ノージックなどは、機会平等論は人間やその生活の膨大な多様性の過小評価に基づいているにすぎないと非難している。つまり市場には明確な機会平等はなく、貨幣のやりとりに伴う交換への合意があるだけで、人間の営為に明確な出発点やゴールを設定して機会平等の条件などとすることは不可能であり、それを無理にやれば過剰な国家介入によって自由が侵害される、と言うのである（ノージック、一九八九［三八八－三九三］）。

他方で機会平等については、先述のギャルストンが「利己的競争主義を醸成し……不平等な結果を許容する」と指摘するように（竹内、二〇〇七［一五〇－一五二］）、機会平等論は革新側や広く一般からも攻撃・非難されてきた。なぜ非難されるかと言えば、既述の機会平等⇕市場競争ワンセット論からも理解できるように、機会平等が実現して、「公平・公正」で平等な出発点からヨーイドンで競争をしても、能力ある者が利得を得て結果の不平等に至るのは明白であり、現在の機会平等がそうした結果の不平等を正当化して「弱者」を差別する可能性を強く持つからである。

このように、正反対の陣営からともに非難される機会平等論における機会の把握は、競争の出発点を指している。だが後で述べるように、義務教育や社会保障の機会を考えれば、機会は競争の出発点としてのみあるだけではなく、もっと多様である。

こうした諸事情があるからこそ、かのハイエクも機会平等の扱いには困惑を見せる。彼は一方で、形式的で公平な市場競争の出発点として機会平等を捉えた。そして、「予見も予測も不可能な行為のために自由が提供する機会」(ハイエク、一九八六‐八七b・八巻〔七六〕)の平等とこれによる自由を重視し、この機会平等に基づく結果の不平等も予測不可能なことを理由に擁護した。しかしまた他方で、「現実の機会均等〔平等〕を達成するには、政府は、すべての人々の物理的・人間的環境全体を制御しなければならない」が、そんな権力過多の政府や国家に依存する機会平等は否定すべきだ、と主張した(同上・九巻〔一二〇〕)。

ハイエクが一度は肯定した機会平等を不整合にも否定したのは、市場競争の出発点としての機会平等を超えて、人間の真の陶冶に資するような機会平等に気がついたからである。たしかに市場の競争条件程度の平等では、真の人間陶冶に資する実質的機会平等には至らない。しかしだからといって、この実質的な機会平等が未来永劫に不可能であるわけでもない。ハイエクの機会平等論がこのように不整合に陥るのは、機会平等がきわめて多様で重層的だからでもある。

(7)手段視点の機会平等論

真に平等主義に適う機会平等論を考えるために、レイの『平等論』を参考に検討を進めたい(竹内、二〇〇一〔三二〇−三二六〕)。レイは、通常の機会平等論の機会は、結果(目的=end)に対する手段でもあるので、「手段視点の機会平等」という名称を提案する。そして、機会さえ平等であれば、後は個人の能力や努力しだいというのは、手段=機会は平等にするがこれを使う個人の能力は不問に付す主張だ、と次のように指摘するのである。

つまり、「手段視点の機会平等がうまく適合する競争的な市場社会」ともレイが言うように、手段=機会を平等にするだけだと、手段を使う際の能力差が放置され、結局、機会平等⇔市場競争ワンセット論へと至ることになる。すなわち「手段視点の機会の平等」という名称により、機会平等論と結果の能力主義的不平等との直結が明示可能となるのである。

近代社会は、血縁や身分などの社会環境による不平等(差別)は否定してきたものの、自然的付与が基盤にある個人の能力を理由にした不平等は肯定してきた。ギャルストンも言うように、通常の「機会平等では、個人の自然的付与と個人の社会環境との明確な区別を前提に……、人種、経済的階級、家族的背景といった社会環境要因の力を減じようとする」のである*（竹内、二〇〇七〔一四七－一四八〕）。だがこうした機会平等論はまた、自然的付与をその根源の一つとする個人の能力が生み出す格差を、是正の必要がないとしてきた。つまり、社会環境の不平等は社会の責任として除去するが、能力は個人責任だからこれに伴う問題は社会的に扱わないという議論である。

* 以上見てきたことにはまた、伝統的平等論のように、機会概念のうちに社会環境要因だけを含め、諸個人の能力概念を排除する既存の機会平等論を改変すべきことが示唆されているのである。

(8)形式的機会平等A

以上これまでの機会平等論の問題点を見てきたが、ここで主に教育の機会均等〔平等〕を事例に、市場秩序や社会保障その他に関する話も若干交えつつ、機会平等の新解釈、つまり多様で重層的な新機会平等論を提示したい。

あらかじめ言っておけば、機会平等には原理的には少なくとも四段階（四種類）あり、それらは、最初の「不平等と一体の平等」論にすぎない段階から平等主義に資するものへと至る。

その第一は、前近代批判の次元のものであり、これを形式的機会平等Aと名づける。それは、教育現場でも市場秩序でも、何らかの社会的な場への参加の際に問われるものである。この形式的機会平等Aは、性や身分などにかかわらず、いかなる個人でも平等主体として扱い、封建的因習なども含む他者・諸環境からの妨害を排除し、時には経済状態がどうであれ、社会的な場への参加を保障する。

形式的機会平等Aが保障することは、多くの場合自由主義や市場秩序の他者危害禁止原則（二〇－二二頁）による保障と同じである。つまり前近代には自明であった、民族・性・家系などによる社会参加の機会の禁止・限定を否定する。この形式的機会平等Aは、国籍等による市場参入への拒否といった経済的因習なども否定して、機会概念をさらに拡大する。

義務教育の機会平等については、民族や家系や性などに無関与に、さらにはいかに貧困であっても、誰もが――一定の年齢条項は残るが――同一〔平等〕に義務教育現場に入れる。そして高等教育では、家系などに無関与に誰もが高等教育への平等〔同一〕な選抜機会を得る、ということである。

だがこの形式的機会平等Aが実現しても、現実には社会的な場での実際の活動・営為が実現しない場合もある。たとえば「一円」で可能な起業による市場参入も、起業後の経済力がなければ、起業の意欲と形式的機会平等Aがあっても現実の継続的な市場参入には至らない。

通常の(2)－①市民権の平等も、じつはこの形式的機会平等Aとして理解されるものが多い。たとえば移動・居住の自由を保障する市民権が、権力の妨害や他人の邪魔なしに行使されうるようになっていれば、それは形式的機会平等Aの実現を意味する。だが移動の自由などの市民権を行使する際に必要な財力や能力がない者には、この形式的機会平等Aは画餅に終わる。

形式的機会平等Aが実現しても、義務教育に参加できない場合も生じうる。たとえば現在受給者が激増している公的な就学援助がなければ、たとえ無償の義務教育により教育の機会均等（形式的機会平等A）が保障されても、給食費や学用品費は私費払いであるため就学は困難になる。高等教育については、授業料が家庭で準備できず奨学金制度も不備なら通学すらできない。つまりは形式的機会平等Aだけが実現しても、経済的条件の不平等などが放置されれば、この点で形式的機会平等Aは、教育機会の不平等を正当化することにすらなりかねない。

こうした理由のゆえに、形式的機会平等Aは「形式的」なのである。

⑼形式的機会平等B

そこで第二に、近代の実現の次元で*形式的機会平等Bが登場する。これは、たんに他者などからの妨害を禁じるという前近代批判の次元にとどまらない。主要には、経済的条件の不備のために学校に通えないことなどを真に克服しようとする機会平等論である。つまりは機会概念に経済的条件などをも含めて捉え、誰もが社会的営為に参加可能になるまで諸条件を客観的に充足するのが、形式的機会平等Bである。

* 形式的機会平等Bを「近代の実現」とするのは、近代が、平等のみならず自由や共同についても当初は理想を掲げるにとどまっていた諸宣言の内容を、徐々に一定の経済的保障などにより実現してきたからである。

義務教育における無償化（授業料や教科書費）はもとより、経済的に困窮した児童・学生への就学援助費、利子なし奨学金や奨学金返還免除の職の特定などが、形式的機会平等Bを実現することになる。さらに高等教育機関での授業料その他の免除・減免・猶予により就学機会の平等を図れば、教育分野での形式的機会平等Bが実現してゆく。

現存の社会保障での機会平等の多くも、形式的機会平等Bである。生活保護費や障害者年金などの社会福祉により貧窮者や障がい者の生存権を保障することは、経済的条件の充足によって、社会福祉などを必要としない人々と平等な生存の機会を実現することだからである。

つまりは形式的機会平等Aだけが実現しても、経済状況に恵まれない者は機会の平等を享受できないことが多いが、対するに形式的機会平等Bが実現すれば、たとえ完全にではなくとも経済的不平等の克服に向かい、これにより教育の機会平等はかなり進むことになる。

こうした論理は日本国憲法の制定過程にも見られる。現憲法案を検討した一九四六年の憲法改正小委員会は、米国占領軍の民生局草案にはなかった生存権の憲法導入を議論した。その際、芦田均委員長は、幸福追求権が生存権保障を含むゆえに生存権の規定は必要ないとした。これに反対した委員の森戸辰男は生存権保障を設けるべきだと、敗戦後の多数の餓死者・浮浪孤児などを背景に以下のように述べた。

幸福追求権を行使しようとしても、独自の生存権保障がなければ幸福追求が不可能な者が多数いる。まっとうな生存が可能なように貧者を救済せずに、国民主権の意味はない、と。

森戸発言は、形式的機会平等Aから形式的機会平等Bへの進展の論理そのものだと言える。なぜなら形式的機会平等Bの保障する生存権がなければ、実際には形式的機会平等Aの保障する幸福追求権にも至らない、とされたからである。この形式的機会平等Bが、妨害などがないという狭い形式的機会平等Aを超えて、機会平等を拡張したことは明らかである。

こうした形式的機会平等Bは、義務教育のみならず高等教育についても家庭の経済力に左右されない勉学への平等機会を開いた。また教育ほどには機会平等と言われないが、生存権保障などの社会保障における一定額以上の経済保障が形式的機会平等Bを意味するのは明白だった。現実にはなお「健康で文化的な最低限度の生活」の解釈問題が残り、また(3)−①相対的平等にとどまる不十分なものだったにせよ、生活保護費や障害者年金や特別児童扶養手当の一定の充実にも、形式的機会平等Bは大きな意味を持った。

⑽形式的機会平等Bの問題点

だが形式的機会平等Bもそこにとどまるならば、不平等の正当化論に陥る場合が多々あるのである。実際そうしたことは、憲法二六条一項の教育の機会均等〔平等〕――「能力に応じて平等に教育を受ける権利」――の解釈をめぐる以下の議論に見ることができる。

高い能力の持ち主にもかかわらず貧困で勉学ができないのは、「能力に応じた」平等な教育（憲法二六条）に反する。だから経済的条件を機会概念に含めてその平等を図る（＝形式的機会平等B）のは、教育の機会平等に適うもっともなことである。だがそれは「能力に応じて」であり、「『能力に応じて』とは、教育を受けるに値するかどうかの能力に応じて、の意で……。『等しく』は差別なくの意である。教育を受ける必要な能力（学力・健康など）によって差別されるのは当然」である（宮沢、一九六二［二五七］）。長らく日本の憲法学の権威であり続けた東大教授も主張したこの形式的機会平等Bは、能力差を理由にした差別（「能力に応じた」分相応の差別）を肯定し、「能力の低いとされる者*」から教育機会を奪う不平等論なのである。

＊「能力が低いとされる」と「される」を強調するのには、竹内、一九九三でも述べたが、理由がある。通常の「能力の低い者」という表現だと、「低さ」がその個人に内在しているようだが、本来は「低さ」は周囲との相互関係にもよるものだからである。たとえばＩＱ測定不能の重度知的障がい児は、普通は「能力の低い者」だとされるが、この児との共生が喜びになっている家族などにとって、この児の一挙手一投足は生活意欲をかきたてる能力を示しており、この点でこの児は「高い能力の持ち主」でもありうる。にもかかわらず、本文中の宮沢などの議論では、「教育を受けるに値する」という教育態勢によって変わりうる個人のあり方を無視して、「能力」を教育する側の都合に合わせた測定可能な一元的なものに矮小化している。

実際この「能力に応じた」差別を自明視する憲法解釈は、形式的機会平等Bという平等論を騙って障がい児・者の義務教育諸学校への通学の猶予・免除（という名の制度的不備の自明視）の正当化に手を貸した。またそのためもあり、健常児には敗戦直後から保障されていた義務教育を受ける権利が障がい児・者には保障されず、一九七九年にようやく障がい者団体などの運動によって、養護学校（現、特別支援学級・学校）義務制度化として実現するまで放置されたという問題もある。*

＊　一方でこの形式的機会平等Bとして意義のあった養護学校義務制度化には、他方では、障がい児・者の養護学校や特殊学級への強制振り分け・分離教育という否定的現実をもたらした面があり、そのため彼らの地域の学校・学級での勉学を阻害してきたという大問題があるが、これは、本書では割愛せざるをえない。

この「能力に応じた」教育論解釈で、能力を「教育を受ける能力」などと特定してしまえば、教育する側の態勢・力量しだいで教育の中身が変わることが一顧だにされず、どんな能力の持ち主にも可能なはずの教育の探求もが阻害されてしまう。

このような解釈に翻弄される形式的機会平等Bは、教育の機会を奪う能力主義差別論であり、機会平等⇕市場競争ワンセット論と同様のものである。そして形式的機会平等Bのこの問題は、現今の社会保障にも甚大な悪影響を与えている。

たとえば二〇〇六年に施行された「障害者自立支援法」が端的な例で、この法律によって、三年以内の就業訓練で一般就労が可能な「能力が高いとされる」障がい者を支援する施設などには、障がい者一人につき税金から就労移行支援金一日七三六〇円の九割が支給される。だがそれが見込めない「能力が低いとされる」障がい者の就労継続支援金は、一日四六〇〇円の九割に激減される。＊これは能力主義差別であり、「能力に応じた」不平等となる形式的平等Bそのものである。

＊　残り一割は自己負担。これは、新自由主義政策の中でも障がい者に応益負担を求めるきわめて抑圧的なものである。障がい者が授産施設での工賃等以上の応益負担金を払わねばならない事態が頻発し、これには批

判の声が強く出され、きょうされんなどの障がい者運動団体の力もあって民主党政権は二〇一〇年一月七日に正式に自立支援法の廃止を決めた。しかし、二〇一二年春には事実上、この廃止は否定された。

以上のように、相当に機会の平等を前進させた形式的機会平等Bも、不平等主義に加担することがあり、その平等の意味もまったくの形式的なものになることがあるのである。

⑪実質的機会平等C

一九六〇年代末から七〇年代にかけて、とくに障がい児教育・運動論の発展で、形式的機会平等Bの問題点克服に向けた動きだと理解しうる議論があった。それは、機会平等論として全面展開されたとは言えないものではあったが、本書のような平等主義の立場からすれば、形式性を脱した新たな機会平等論への重要な契機となったと評価しうる議論であった。

それは三段階目の機会平等論であり、いわば近代（→現代）を超えようとする次元にあると言える実質的機会平等Cの議論である。実質的機会平等Cとは、外的妨害を排除する形式的機会平等Aと、経済的条件などを充足する形式的機会平等B双方の実現とともに、この二つの形式的機会平等の欠陥を克服するものとして位置づけられる機会平等である。

教育におけるこの実質的機会平等Cは、教育機会が個人の能力によって不平等になることを克服する。つまりいかなる能力の持ち主にも、個々人の異なる能力の成長に真にふさわしいという意味で、同一（平等〕に教育態勢を整えることが実質的機会平等Cなのである。

この各人の成長に真にふさわしいという一点での同一性が、ここでの平等の主たる意味だが、それは(3)―④比例的平等論で比例自体が同一性を意味するのと同じである。したがって実質的機会平等Cは、通常は能力主義的な分相応の差別に帰結する比例的平等を、平等主義的に解釈し直した議論だとも言える。個人の成長に真にふさわしい実質的機会平等Cとして、たとえば聾教育では、通常の教科教育などのほかに手話教育やそのために必要な教員加配などにより、はじめて健常児と平等な教育機会が実現する。

日常生活動作もままならない重度の知的障がい児への教育であれば、その際の実質的機会平等Cの成立には、まずは当の知的障がいに真にふさわしい〔言語によるとは限らない〕精妙なコミュニケーション態勢が必要である。さらには、衣服の着脱・食事・排泄などにかかわる適切な配慮・指導があってはじめて、健常児教育との教育の機会平等に向かっていく。

実質的機会平等Cは、本来はもちろん障がい児のみならず、健常者の教育についてもあてはまり、能力も個性も異なる各自の成長・陶冶に真にふさわしい教育の機会平等の論理を示している。さらには教育に限られるものではなく、一人ひとりの生活ニーズに真にふさわしい介護やケアなど、社会福祉などでの機会平等もこの実質的機会平等Cを範とすべきなのである。

見てきたように実質的機会平等Cは、機会平等⇕市場競争ワンセット論のような格差・差別拡大の競争主義とは無縁で、真に平等主義にふさわしい機会平等である、と言いうる。

ただし、ここにとどまる限りは、なお不平等に陥る余地が残る。それは、個人の私的所有物としての能力把握（個体能力観）を疑いようのない大前提としていることから生じる不平等である。つまり実質的機会平等Cを実現して、各人がふさわしい成長を遂げても、たとえば健常者と障がい者との能力差を理由にした差別（不平等）、能力主義差別自体への対処はなされないという問題が残るのである。

⑿実質的機会平等D

この最後に残された問題を解決しうるのが、第四段階である超近代次元の機会平等、すなわち実質的機会平等Dである。後述するように、これは二〇数年来の拙論である能力の共同性論とも繋がる、能力にかかわる新たな平等論でもあり、能力主義の克服に資する機会平等論と言えるものである。

それは、能力そのものも、社会・文化といった環境はもとより他者から補塡・補償される機会として捉え、この意味での能力＝機会の平等を図る議論である。普通は個人の私的所有物としてのみ捉えられる能力に他者性を見出せば、能力の個人還元主義的把握を超えて能力の共同的な把握（一六一頁以下）に至るが、これと軌を一にする機会平等論が実質的機会平等Dの議論なのである。

もちろんこの実質的機会平等Dは、形式的機会平等A、形式的機会平等B、実質的機会平等Cの三つの実現を前提に、これらの上位に構想される機会平等である。今少し敷衍すれば実質的機会平等Dでは、能力も財力や一般的な道具と同じように、他者による支援・補塡が可能な機会としてある。そのうえでこの能力＝機会を、諸個人の価値・目的の実現に同一〔平等〕に資するようにするのである。

社会福祉の現場から実質的機会平等Ｄの具体例を見てみよう。自力排泄はできず定時排泄がやっとできる程度で、普通にトイレに入るだけでは排泄不可能な重度の知的障がい児に対して、トイレでのその視線や表情やわずかな仕草も見逃さない優秀な福祉職員が、「おしっこシー」などと話しかけたり、目を合わせて一緒に気張ってみるなどの工夫に満ちた取り組みをする中で、その障がい児に排泄能力が生まれ排泄が可能になる例がある。これは、排泄する価値・目的からすれば、それらとは相対的に異なる排泄する能力＝機会が、障がい児と福祉指導員との相互関係として生じたことを意味する。こうした排泄の能力＝機会は、障がい児や、またもちろん指導員の私有物ではなく、指導員と障がい児との関係・共同そのものとしてのみあるが、排泄ができた点では、健常者が排泄するのと同一であり、その意味で平等なものである。

この実質的機会平等Ｄが実質的機会平等Ｃと違うのは、次の点である。

実質的機会平等Ｃの場合、排泄にかかわる能力は、変わることなく知的障がい児個人の私的所有物としてのみ把握される。たしかに福祉態勢（職員の指導等）がこの能力（私有物）に外から働きかけることには、大きな意義が認められる。しかし最終的には、その知的障がい児が、個人所有の排泄能力を発揮して排泄ができたかできなかったか、ということになる。

だが実質的機会平等Ｄの場合はそうではない。この次元における何らかの価値・目的を実現する能力は、個人の私的所有物ではなく、他者から補塡される共同的な能力として捉えられるからである。すなわち排泄という目的を実現する排泄能力（機会）は、知的障がい児個人の私有物ではなく、個人と福祉指導員らとの相互関係自体として成立する共同的能力なのである。

こうして能力自体が、他者・環境から補塡される機会であれば、個人を特定して言われてきた能力差もたんなる個人の問題ではなくなる。もし能力差があれば、それは機会＝能力の格差を放置する他者を含む社会・文化の問題にもなるからだ。ここに能力の共同性論もある。

ここにおいて、能力主義差別の自明視も能力の個人責任論も変わる。個人所有の能力差を理由とした差別が非難されやすくなるだけではない。能力が共同的なものなら、個人所有の能力差が問題だといった言い方も成立しがたくなり、そのため能力主義差別も成立しがたくなる。

しかも実質的機会平等Dという機会平等が能力主義差別批判を担うことには、さらに大きな意味がある。なぜなら既存の機会平等論は、能力主義差別などの結果の不平等を正当化していたからである。つまり、実質的機会平等Dの実現によって、これまでは結果の不平等を肯定していた機会平等そのものが、今度は結果の不平等を批判し結果の平等と結びつくものにもなりうるからである。

こうして結果平等に至るものが、真の機会平等になる場合も出てくる。少なくとも機会平等論は、結果の不平等を正当化するものばかりではないことが明確になる。さらには、新自由主義の肯定する機会平等論が内在的に克服され、新機会平等論に至ることにもなるのである。

⒀オポチュニティ（opportunity）の平等

以上のような能力＝機会論に基づく実質的機会平等Dの成立には、日本語の機会平等の意味を英語のequality of opportunityとすべきで、equality of chanceとしてはならないことが大きなポイントとなる。以下、この点について見ていく。

機会概念を、他者によって補塡される共同的な能力も含むものと捉え、この共同的な能力を含めて機会平等を図る実質的機会平等Dは、既存の機会平等論からすれば非常識の極みだろう。だが実質的機会平等Dに繋がる考え方は、これまで皆無だったわけではなく、私の独断でもない。

たとえばアイリス・M・ヤングは、一九九〇年の『正義と差異の政治学』（プリンストン大学出版部、未邦訳）の中ですでに、機会平等の機会はチャンス（chance）ではなくオポチュニティ（opportunity）であり、しかもオポチュニティの内容には、主体の能力にかかわって「できるようにする（enable）」ということが含まれていると指摘していた。具体的には観劇のチケットを数枚持つ人は、一枚しか持たない人よりは観劇の機会が多いが、それはチャンスでありオポチュニティではない。ヤングによれば、チャンスとは違い「オポチュニティとは、克服しがたい妨害物が存在しないことに加えて、残る妨害物の克服の機会を与える手段――内的なもの（能力など）も外的なものもある――が存在する状況全般を指す。この意味でオポチュニティとは、権能（能力）が与えられている状態（condition of enablement）のこと」である（竹内、二〇〇七［一六四］）。観劇のオポチュニティは、チケットを所持しているだけではなく、実際に観劇に行けて観劇できる力（能力）によりはじめて可能となるのである。

すなわち、オポチュニティとは、何らかの価値・目的を実現する際に、外的な場や手段だけではなく、実現に資する能力がある状態（condition of enablement）を含むのである。だからこそオポチュニティとしての機会とは、個々人の価値・目的とは区別されるが、それらを実現しうる能力を含み、この能力＝機会は他者から補塡されて平等になりうるのである。こうしたオポチュニティとしての機会の平等を図る議論が、既述の実質的機会平等Dを示唆しているのは明らかであろう。

このように実質的機会平等Dを考えたとき、「機会平等が与えられるならば、その結果は個人の能力（努力）しだいで不平等になるのは当然」だとして、結果の不平等を正当化する議論も間違いとなる。機会平等が能力概念を含むのであれば、機会と能力との単純な分離がすでに誤りだからである。

加えて以上の議論からすれば、能力そのものが他者や環境から補塡されるものであって、たんなる個人の私的所有物ではない点も再確認される。この点は能力の共同性論にも繋がり、これがまた能力主義差別を真に批判しうる、能力についての新たな平等論の構築にも繋がるのである。

⒁能力主義差別（不平等）の自明視

現代において多くの場合、家柄・血縁・民族による差別や宗教・思想による差別は、完全に克服されてはいないにせよ、公然たる差別とはなりにくい。また職場などでの性差別も隠微に存続してはいるが、

「女は家事育児に専念せよ!」といった差別発言そのものがまかり通ることはほとんどない。しかし能力差を理由とした差別(不平等)は相当に状況が異なる。前章でもふれたが、たとえば、「どんな重度の障がい者でも人間として平等だ」といった発言には、⑴-⑦能力にかかわらず平等、つまり能力差を理由とした差別の否定という発想があるが、多くの場合、こうした発想は看過されるか名目的・形式的な話にされがちである。

さらに能力差を理由とした差別、つまり能力主義差別は、むしろ自明で当然のこととされがちである。それどころか、能力主義差別は⑶-④比例的平等の一種と捉えられ、むしろ「平等」と称されることもある(一〇八-一一〇頁)。そのため能力差を理由とした差別は、公然と主張されることにすらなる。差別と言うべきか否かは争点になるが、労働能力が低い者の給与が低いのは当然だ、という能力差を理由とした給与の不平等については、多くの人が疑問を持たないのではないだろうか。

平等主体論から見ると、⑴-①血縁・身分・財産にかかわらず平等、⑴-②人種・民族にかかわらず平等、⑴-③宗教・門地にかかわらず平等、⑴-④思想信条にかかわらず平等、⑴-⑤性にかかわらず平等*は、完全にではないにせよ、「先進国」などではかなり実現——より厳密には多くが⑶-②実質的平等の次元で実現——している。

* 性にかかわらず平等は、⑶-②形式的平等にとどまることも多いが、能力にかかわらず平等の未実現と比べれば、実現している部類に入る、と考えてよいと思われる。

平等客体についても、⑵－①市民権の平等、⑵－②政治権の平等、⑵－③社会権の平等、⑵－④経済権の平等までは完全ではないにせよ、また均一にではないが、ある程度は実現している。*

＊　社会権や経済権は市民権に及ばないが、⑵－⑤能力の平等よりは実現している、と言えよう。

だが平等主体の⑴－⑦能力にかかわらず平等や、平等客体の⑵－⑤能力の平等――能力に基礎がある⑵－⑦価値の平等も――は、以上見たほかの平等とは大きく異なり、今に至るも名目的に主張されることはあっても、実質的には無視されるほうが多い。

しかも能力差が理由の差別（能力主義差別）については、民族差別や性差別などと異なり、皮膚一枚で外界とも他者とも区切られた人間個体（生体）内部の能力（個体能力観）のみが焦点となりがちである。そのため、この能力と能力主義差別は、さまざまな社会的諸関係や文化的問題から切断され、そのイデオロギー性が希薄に感じられがちである。だが、そのような能力主義差別のイデオロギー性および現実における差別の深刻さは、暴露されねばならないのである。

⒂最後の差別としての能力主義差別（不平等）

⑴－⑦能力にかかわらず平等や⑵－⑤能力の平等という考え方そのものは、古典近代においてその萌芽が見られた。たとえばホッブズやロックの「人間の能力は同一」という主張もそうである。だが個人所有の能力の同一性という主張が荒唐無稽なこともあって、能力差が理由の差別は放置されがちだった。

しかも第1章でふれたように、古典近代の主張は実際には、能力主義差別を否定するものではなかった。たとえばロックの場合、能力差から帰結する差別処遇を自明視していたし、ルソーも、(3)－④比例的平等論によって能力主義差別を助長していた（四四－四八頁）。

またたとえば「人および市民の諸権利宣言」六条は、「能力以外の何らの差別もなく」と謳うことを通じて、血縁や財産などによる一切の他の差別を禁止するために、逆に能力を差別の根拠とする能力主義差別（不平等）を、最後の差別として肯定した。しかも能力主義差別は悪いものではなく、封建的差別を克服する近代の証として正当化さえされたのである。ここに、現代に至るも能力主義差別が自明視されている一つの大きな根拠がある。

もちろん、「社会的権利の内容は、それを要求する個人の経済的価値によって決まるのではない」（マーシャル、一九九三［五六］）と指摘され、エヴァルドの『福祉国家』も、「社会法（権）的秩序という枠組みの中で主体は、唯一生命体であるという事実だけに基づいて権利主体になる」（竹内、二〇〇一［一五四］）と主張されるなど、能力にかかわらず平等という問題がこれまで、まったく考慮されなかったわけではない。だが今に至るもその実質化は放置され、(3)－②形式的平等にとどまっていることが多いのである。

たとえば日本国憲法一四条ですら、「すべて国民は、法の下に平等であって、人種、信条、性別、社会的身分又は門地により、政治的、経済的又は社会的関係において、差別されない」と謳うにとどまり、能力主義差別を禁止する文言はない。

ちなみに能力にかかわる平等主義の未確立は、階級や経済などにかかわる不平等の存続とその正当化の大きな理由の一つでもある（ほかにも社会的・歴史的理由はあるが）。なぜなら階級差別などの存続の理由が個人の能力に還元され、階級問題という社会問題が能力主義差別の正当化を通じて、個人の自己責任問題にすりかえられてしまうことがしばしばあるからである。そうなると、存続する階級差別が階級問題としては浮上せず、存在する問題自体が抹消されがちとなる。*

* ここでの階級は、これを厳密に規定したマルクスにならって、生産手段の実質的な所有者か否かにより階級が区分されるという意味でのことである。

同様に、問題を個人の能力に還元する個人還元主義的傾向のために、さまざまな社会問題が問題として浮上しない状況はかなり見受けられる。

「努力すれば報われる仕組みを」とか、「貧困なのは個人の働きが悪いからだ」とか、「人に甘えず自立するべきだ」といった話は、多くの人々が「自発的に受容」していると言えるが、「努力」も「働き」も「自立」もすべて、個人還元主義的に把握された能力の話である。そしてこの個人還元主義的な能力把握とそのイデオロギー的な現れが、新自由主義下のさまざまな不平等を正当化しているのである。

能力差を理由に正当化される不平等をいかに克服し、そのために能力にかかわる平等をいかに把握するかは、平等主義の進展にとって非常に大きな課題である。とりわけ個人還元主義的な能力把握の深刻さからすれば、その正反対の共同的な能力把握が必要になるはずである。

⒃近現代社会での能力主義差別の突出

現代社会学の祖の一人カール・マンハイムが、「エリート選抜原理」と能力＝業績*との関連として述べたことは、能力主義差別について考えるうえで今も参考になる。

* メリトクラシー（meritocracy）は能力主義と訳されるが、これは業績主義と訳すのが正しい。本来は内的な能力と外的な業績との相違も論じるべきだが、ここでは紙幅の都合もあり能力＝業績としておく。

彼によれば支配のための「エリート選抜原理」は「血統、財産および業績」の三つであり、「近代民主主義」は一応この三つを結合してきたが、近代の現実は、「業績の原理がそれだけでますます頻繁に社会的成功の基準となるようになった」（マンハイム、一九七八［八〇］）。

だがさらに、業績＝能力の原理の突出やこれに対抗する平等（⑴―⑦能力にかかわらず平等）の提起には、ある種の要因が必要である。それは、血統や財産の原理などの封建遺制の否定、少なくともその相対的地位の相当な低下である。「能力以外の何らの差別もなく」、と能力主義差別以外の差別すべてが否定されるからこそ、能力（業績）主義差別が露《あらわ》になり、同時にこれへの批判も強くなりうる。

しかし近現代社会では、自由・平等などの価値ある事柄を担保してきた権利概念の中核の大半が、能力概念によって占められてきたという問題もある。この点について、共同体論者とされるチャールズ・テイラーは、次のように明言する。古典近代以来の「権利の主張とは人間としての能力の肯定なのである」（テイラー、一九九四［二九三］）、「ある存在がAということがらに対して権利をもっているという確信を支える直観とは、その存在が尊重に値する能力を示しているという直観である」（同上［一九八］）。つまりは、権利主体は一定の能力の保持者のみで、いわば能力主義差別とリンクしてのみ権利が存在するというのである。テイラーの能力主義差別の肯定は、以下にも明らかである。「精神障害者に権利を認めるとしても」それは能力概念に左右されるべきで、「昏睡状態にあって生物学的に死んでいないだけの生命に対する権利……をどうすれば主張できるのか、理解に苦しむ*」（同上［二〇五］）。

＊ テイラー的なこの生命自体にかかわる能力主義差別については本書では扱えないが、竹内、一九九三および竹内、二〇〇五b全体を参照されたい。なおここでは、「生物学的に死んでいないだけ」という言い方自身が、すでに間違いである点に留意されたい。「脳死」状態や「植物」状態を含むいかなる状態であっても、人間は生物学的にのみ生きることはなく、常に社会的・文化的にも生きているからである。

テイラーの主張は、近代民主主義の父ロックによる能力主義差別容認とも重なるものである。ロックの労働に基づく所有権も、優れた土地改良（improve）能力の所有者にのみ承認されるものであり（四四－四六頁）、改良能力の劣るネイティヴ・アメリカンには土地所有を認めず、結局は欧州人の米国植民地化を正当化したからである。

⒄マルクスも説いた「人間の平等性」観念

しかし同時に近代は、ある種の人間の平等を掲げてきた。

資本主義的不平等を最も批判したマルクスも、資本主義下の労働の平等性の根拠に観念的な「人間の平等性」を認めていた。先にも引用したが、以下の言葉である。「すべての労働の平等性および平等な妥当性は、人間の平等性の概念がすでに民衆の先入見としての強固さをもつようになったときに、はじめてその謎を解かれる」（マルクス、一九六二［八二］）。

この「人間の平等性」はこのままでは近代ヒューマニズムと同じく抽象的で観念的なものでしかなく、現実の人間のあり方そのものではない。上記テイラーの発言や現実の諸個人間の能力差を踏まえると、この「人間の平等性」は、能力など個人の様態や属性すべてを否定（捨象）したものでしかない。⑴－⑦能力にかかわらず平等が示すように能力を「否定」するからこそ、「人間の平等性」が成立するにすぎないのである。

しかも、この「否定性（捨象）」により析出される平等主体は、カントの物自体（魂）のような抽象的な幽霊のごときものになる（八一－八三頁）。この問題を克服するには、今一度、能力差など個人のさまざまな様態を抽象的な平等主体と繋げなくてはならないが、そうなると、またぞろ能力差を理由にした差別に抵抗しがたくなる。では、この抽象的で観念的な平等主体と能力差とをめぐる矛盾を解決し、能力主義差別全般の廃棄に至る能力論はどのようなものなのだろうか？

⒅能力〔差〕を持つ

⑴－⑦能力にかかわらず平等に見られる「否定性〔捨象〕」によって、平等主体を確保・維持しつつも、これを抽象化させず、能力〔様態〕に真にふさわしく主体を処遇するには、まずは、平等主体と能力〔様態〕とがいわば一定の距離をもって関係する必要がある。

つまり幽霊のごとき平等主体にならずに、なおかつ能力差を無視せず能力にもかかわらず平等だと真に言えるとすれば、人間平等の観念とともに、能力差が人間平等を侵さないようにする必要がある。そのための発想が、平等主体が能力〔差〕を持つ、というものなのである。

この発想では、平等主体〔平等な人間存在〕と能力〔差〕とを完全には切断せずに、かといって密着させずに「弱い結び目〔分離的結合＝媒介的結合〕」で結びつける。そしてこの「弱い結び目」を示す言葉が、資本主義的な私的所有概念の「持つ〔所有する〕」なのである。

優秀な能力や、病・障がいによる能力の毀損といった能力差を理由に能力主義差別を昂進するのは、なるほど資本主義的私的所有制である。結論的にはしかし、私有制論の一部がまた能力主義差別の否定に繋がりうる。そこには、私的所有概念に基づく平等主体が能力〔差〕を持つという矛盾的発想――これはまた、私的所有による疎外に内在した疎外克服を展望する疎外論的発想――がある。以下では、この私有概念に基づく矛盾的発想〔疎外論的発想〕の内容を検討するが、そこに立ち入る前に所有概念の大枠について、ごく簡単にふれておきたい。

⒆四つの所有概念

所有は、少なくとも次の四種類に区別して把握されるべきだろう。

最も一般的だと考えられている所有が、「持つ（have）」である。「持つ」は一方で、持っているもの（所有物）が自らの固有のものになって、所有主体のいわば本質を構成するという意味の所有である。それとともに、「持つ」ことは、分離できる所有物を持っているにすぎないという意味の所有でもある。

次に「所有する（possess）」があり、これは、所有する所有物が所有主体に取り憑き、所有主体を支配するほどに強力になる意味の所有でもある。「所有する（possess）」には、小説『罪と罰』の強欲な金貸しや近年の禿たかファンドなどのように、所有物でしかないはずの金に人間（所有主体）が取り憑かれるさまが該当しよう。

加えて、所有物が個人に属する以上に、財産のみならず身体や人格にまで及んで、その人の固有性や個性をも直接表す意味の「所有（property）」がある。この「所有（property）」は、「ふさわしい・固有の（proper）」という形容詞を名詞化したものである、適宜性（propriety）とも通じた所有概念である。それはたとえばロックなどが、個々に固有な人間の身体や精神をも、所有（property）概念の下で把握する際にもある程度は見られる所有概念である。

さらには「所有する（own）」がある。これは「お陰を被る（owe）」と語源が同じで、所有という事態における他者への依存ないし他者による所有の成立という、他者関係をも組み込む意味での所有である。「所有する（own）」は、「借用書ＩＯＵ（I owe you）」が示すような、他者（貸し手）への依存と同じ意味があることを示す。換言すれば、私的所有ではあっても、そのうちに他者が介在してはじめて所有が成立することを意味しており、とくに他者が介在する私的所有物と所有主体である各個人とのいわば距離（分離）を示す所有概念が「所有する（own）」なのである。

以上の四種類の所有概念の中で平等主体（平等な人間存在）が能力を持つという私的所有概念に最もふさわしいのが、「所有する（have）」である。

⒇ハヴ（have）としての所有

すでに示唆したが、「所有する＝持つ（have）」という所有概念には、大きくは二つの意味がある。一方で所有する（持つ）ということは、所有しない（持たない）こともある、という分離を意味する。この点では能力差が、たとえ観念的にせよ人間主体から分離しうるもの、手放しうるものになる。そして手放しうる能力差は、その所有者たる個人（人間主体）を差別する根拠になりえないということにもなり、これが能力主義差別を批判するさしあたりの原理になりうる。

換言すれば、各人からの能力〔差〕の分離の面を示す「所有する（have）」は、能力〔差〕の「所有

（have）」が個人のたんなる私的所有ではなく、他者のお陰を被る所有、つまり既述の「所有する（own）」という意味に通じていることを示している。逆にこの「所有する（have）」には、所有主体（平等主体）が能力〔差〕に取り憑かれる（「所有する（possess）」）という意味はほとんどない。

しかし他方で「所有する（have）」は、何らかのものを所有する（持つ）限りは、平等主体と能力〔差〕との結合の面を示し、それは、各個人が能力〔差〕をたんに持つにとどまらないことをも意味する。それは「所有する（have）」が、所有主体の固有性や特性をも表す「所有（property）」に重なる意味がある、ということである。この限りでは「所有する（have）」を通じて、所有する能力〔差〕などが自由な個性・行動などを示すことになり、そこには人間存在と所有物との結合、さらには一体化があるとも言える。

こうして「所有する（have）」という表現は、一方では、能力〔差〕を人間存在から分離しうる外的なものとすることができる。そして、人間存在から分離しうるような外的な能力〔差〕は、人間を差別する根拠にはなりえないという点から、ここに能力主義差別のいわば防御壁ができる。だから「所有する（have）」という意味の、平等主体（平等な人間存在）が能力を持つという私的所有概念は、（1）－⑦能力にかかわらず平等を真に表示しうる。これが「所有する（have）」の分離の面である。

しかし、他方で「所有する（have）」という表現、つまり平等主体が能力を持つという私有概念は、能力〔差〕と人間存在とを結合する。そしてこの結合の面が、能力〔差〕による人間の個性の豊饒化や、能力〔差〕に真にふさわしい処遇論に通じてゆく。「所有（have）」概念の結合の面は、まずは能力にかかわらず平等が、人間の属性を「全否定」して人間自体を幽霊のごとき存在にするのを防ぎ、次にたとえば、⑶―④比例的平等の平等主義的要素を生かした、個々の能力に真にふさわしいその真の成長などに繋がる。平等主体が能力を持つという私有概念には、人間存在と個性などに至る能力とを直結する意味もあるからである。これが「所有する（have）」の結合の面である。

こうして「所有（have）」は、それ自体矛盾した表現だが、分離的結合・結合的分離を示すのである。

㉑ヘーゲルの所有論

ちなみに二〇〇年近く前にヘーゲルも、資本主義的私的所有を論じる中で、「所有する（besitzen, haben）」にかかわり、平等な人間存在が能力を持つという本書の主張に通じることを述べていた。ヘーゲルは、私的所有・占有の下にある限りは、才能などの能力も通常の物質的な物件と同じだとして次のように言う。「知識、学問、才能などは〔も〕物件という規定のもとにおかれ」、所有主体である「人格にとって外的なもの」として、「人格とは分離されうるもの、直接に相違したものとして有る」。さらに「知識、学問、才能……を外に譲渡する」こと、つまり知識や才能などを所有主体から完全に分離しうることも明言する（ヘーゲル、一九六七〔二三六―二三八〕）。

これは、平等主体が能力を持つという私的所有概念の「分離」の面であり、先に述べたように、これにより能力の多寡とは関係なく人間存在の平等性が主張できることになる。

他方でヘーゲルは、「教養、研究、習熟などによってかちえられ、精神の内的な所有（＝Eigentum＝自己固有のもの）として有るような、肉体と精神との占有」あるいは、「知識、学問、才能などは……精神の内面的なものであって、外面的なものではない」（同上〔二三八―二三九〕）とも言っている。つまり、人格（平等主体）に固有のあり方を示すものとして所有概念が把握され、能力などの人間存在にとっての内在的意義も確認されているのである。

これは、平等主体が能力を持つという私的所有概念の「結合」の面であり、この点は、人間存在の平等性を擁護しつつ、能力の豊饒化などの人間存在にとっての能力の意義も示す。

以上、ヘーゲルの理解からしても、平等主体が能力を持つという私的所有論的把握は、平等主義にとって相当な意義があるはずである。

㉒所有論的把握の限界

だが平等主体が能力を持つという能力の私的所有論にとどまる限り、労働〔能力〕の搾取問題を別にしても、やはり個人間の能力差を理由にした差別に弱く、逆にまた能力自体の伸張を軽視しかねない弱点も残る。

なぜなら、所有概念における人間存在と能力との「結合」の面に焦点がある限り、他方に「分離」の面を残しておいても、能力差は個人に密着した問題であり続けるからである。とくに能力差が「所有＝固有（property）」を意味するなら、個人に固有のものは評価の対象にもなるが、それが「低い能力」の場合、容易に差別（不平等）の根拠になってしまう。

同時にまた、平等主体が能力を持つという能力の私的所有論は、主体と能力との「分離」の面を焦点とする限りでも問題を残す。つまり、他方にいくら「結合」の面を残しても、「分離」の面による能力主義差別へのいわば防御壁は、同時に能力の豊饒化を抑制してしまいかねないからである。能力の豊饒化を抑制する、つまりは人間の発展を阻害する「分離」の面はやはり問題であり、それゆえにまた、能力の私的所有論はあまり肯定できないことにもなる。

以上からして、能力主義差別（不平等）を容認せず、しかも能力の豊饒化など重要な点での能力を看過せずに、能力主義を真に克服するには、どのような発想が必要か？

その回答が、能力の私的所有論的把握（個体能力観）の克服であり、人間個人と固有に「結合」した能力自体を、共同的なものとしても捉え返す能力の共同性論である。なおこの能力の共同性論は、共同という点では、既述の私有からの「分離」の延長上にあるものである。

そこで能力の私的所有論の克服の可能性について、次項で、ロールズやコーエンら現代リベラリズムおよび分析的マルクス主義の理論家の議論を見ることにしたい。

㉓能力は私的所有物を超える

ロールズは「格差原理は、実際には、生来の才能の分配〔配分〕をある点で共通の資産とみなし、この分配を補整することによって可能となるより大きな社会的、経済的便益を分け合うことに、同意することを表わしている」（ロールズ、一九七九〔七七〕）と主張する。

ロールズは、才能（能力）自体の共有ではなく能力の多寡の分布〔配分〕についての言及にとどまっているとはいえ、私的所有の正反対の共有論（共通の資産論）を能力について主張するのである。*

＊　能力の共有と共同性とは、哲学的にはかなり違う意味を持つ場合があるが、この点は割愛する。

〈資源の平等〉を主張し、資源の共同所有という観点に立つドゥオーキンは、事実上、共同的なものとしての能力＝資源の把握に直結する以下のような主張をした。「人々の能力というものは、物質的な資源とともに、各人の人生を価値あるものにする際に利用されることから、たしかに同じく資源として考えられる」（ドゥオーキン、二〇〇二〔一一三〕）。この限りのドゥオーキンは、能力を平等配分の対象とし、私的所有物ではないものとしている。*

＊　だがドゥオーキンも、結局は能力に関する平等は能力（私有物）を諸個人間で同一にすることだという荒唐無稽な話に囚われ、以下の次元にとどまってしまう。「力〔能力〕というものは、普通の物的資源がまさにそうであるような意味で、平等理論の対象となる資源とは言えないのである。力〔能力〕は、技術を可能なかぎり駆使したとしても操作したり移転させることができない……。資源の平等は人々の肉体的および精

神的な資質を可能なかぎり平等〔同一〕にしていくように努めなければならないと主張することは、身体障害者の問題を誤って捉えている」（同上［一一四］）。

分析的マルクス主義者コーエンは、『社会哲学と政策』誌上の論文「自己所有、世界所有、平等——第二部」（未邦訳）で、能力主義的不平等の克服には、個人は「自らの能力に対する、あるいは自らの能力の行使に対する自らの権利を制限することが、大雑把にではあれ条件の平等を維持するために必要だ」（竹内、一九九九［一六〇］）、と明言する。* これは事実上、優れた能力の持ち主も、能力の所産自体を自らの所有とすべきでないとし、能力の私的所有論の帰結を否定しているのである。

* コーエン、二〇〇五には、ここで引用した当初論文を「原型」とする論述が収められているが、当初論文は「大幅に修正されて収録され」（同上、XI）たとコーエン自身が言うように、同訳書では論文の内容が大幅に変わっており、ここでの引用文に該当する箇所は同訳書にはない。

すでに第1章末尾で紹介したが、センの〈基本的潜在能力の平等論〉は、「財を潜在能力に換算し」、「財から財が人間に対してなすことへと注意の方向を変え」（セン、一九八九［二五四—二五五］）て、「機能とはひとが成就しうること……で、〔その〕機能を実現するために利用される財」（セン、一九八八［二一—二二］）に着目すべきだと主張する。これは基本的潜在能力にとどまるとはいえ、個人の能力＝機能レベルで平等を把握し、その平等を図る平等論である。この能力＝機能の平等は、能力自体が環境によって補塡される基本的社会財しだいで変わるもの、つまりは個人の私的所有物を超えた社会的・共同的なもの、とするからこそ可能なのである。

㉔国際障害者年

一九八一年の「国際障害者年行動計画」はすでに、能力不全（disability）という毀損された能力について、能力が個人に還元されず、個人の私的所有物にとどまるものではないことを、以下のように示していた。「障害〔能力不全（disability）〕というものが基本的には個人の問題ではなくて、個人と環境との関係の、そして社会全体にかかわる問題であるという認識」を持つべきである、と（国際障害者年、一九八三［二一、二二四］）。

つまり、多くの場合個人の私的所有物とされ、皮膚一枚で外界や他者から切断された個人内部のものとされがちな能力不全が、個人のもの（私的所有物）ではなく、個人と環境との関係、あるいは個人と環境との共同の所産だ、ということである。ここにすでに、能力の共同性論が成立しかけており、共同的な能力の存在が指摘されつつある。

この点は、視力（能力）の不全を例に考えてみれば、わかりやすい。眼筋の弛緩などの肉体的損傷（個人の自然性）があったとしても、それが直ちに視力の不全に至るわけではない。たとえば眼鏡という社会的生産物（環境）による補塡があれば、個人（眼筋の損傷）と環境（眼鏡）との関係あるいは個人と環境との共同性として成立する視力（能力）は「正常」となり、能力不全は生じない。

この視力（能力）を成立させる眼鏡による能力の「補塡」は、能力しだいでは眼鏡など社会的生産物＝「もの」にとどまらず、他者など人的環境であってもよい。それは実質的機会平等D、つまり機会＝能力の例として述べた、他者による能力の補塡により生まれた重度障がい児の排泄能力という能力の共同性（共同的な能力）の成立に見られる（一三九－一四一頁）。

つまり介助者もいない状態では、トイレでの排泄ができない重度の知的障がい児に対する優秀な指導員や支援者のはたらきかけの中で生まれた排泄能力は、障がい児の私有物それ自体ではなく、その障がい児と優秀な支援者との間で相互関係自体として生じた共同的な能力なのである。

㉕能力の共同性の定義

この障がい児・者などについての能力の共同性は、通常の能力全般についても言えることである。皮膚一枚で外界・他者との切断が最も明らかな身体能力ですら、他者との相互関係自体（能力の共同性）だからである。たとえば赤ん坊を例に見ると、抱いている母親などが何らかの理由で身体を強張らせたがゆえに、赤ん坊も同じく――他者の動きに応じて動くので同型性とされる――身体を強張らせる、そういう身体能力が生じるのである。また相補性と言われるが、母親などに抱かれるという他者からのはたらきかけが、赤ん坊にも母親に抱きつく能力を生じさせ、赤ん坊の抱きつくことがさらに母親の次なるはたらきかけに繫がる（浜田、一九九二［七一－七六］）。通常は個人内部の「自然性」ないし私的所有物だとされる身体能力も、じつは他者との相互関係自体（能力の共同性）によるものなのである。

もちろんこれら抱きつくなどの能力は、その根底に（障がい児の排泄能力の場合も）遺伝なども当然含む一定の人間個人の自然性があってこそ生まれるものであり、そうした自然性に基づく力がなければ能力の共同性も成立しない。しかし逆に、この皮膚一枚で外界や他者と切断された自然性だけでは、抱きつく能力も通常の排泄能力も生じない。

この能力の共同性は、知性や精神的な能力についても該当する。また知性などの多様な個性やさまざまな個人特性も、他者や環境とのかかわりという相互関係や共同性が多種多様であるがゆえに可能になることなのである。

たとえば私は今この原稿を書いているが、そのために発揮されている能力も、共同的なものである。たしかにこの瞬間にワープロを打ちそのために考えるのは、一見私個人だけである。しかし、そうしたことができる能力の発揮のうちには、これまで私を育ててきたさまざまな環境や他者の力（能力）が現にこの瞬間に息づいている――この他者の力はまたその他多くの他者の力との相互関係自体である。細かい話になるが、書く能力には何度も推敲を迫られた大学時代のゼミや恩師の力が、眠くてもなんとかしようとする気力には、青年期のスポーツ集団やコーチの力が働いているなど、というように。そもそも、この原稿を書くという共同的な能力が今発揮されるのは、私がかかわる重度の知的障がい者や施設の指導員たちとの濃密な交流が常に息づいているからでもあるなどなど……。

加えれば、この瞬間の能力の発揮自体においても共同性が露になり、能力の共同性は確認される。もちろん能力の共同性は、先に確認したように一定の自然性の力があってのことだが、それ以外の能力は、初発からして他者や社会・文化に培われたものであり、それらとの関係としてのみありうるものである。であるなら、能力の根源としての能力の共同性は、「個人の自然性と他者との相互関係自体」、となる。他者も社会・文化など環境全般によって媒介されるから、より根源的には能力は「個人の自然性と環境（社会・文化）との相互関係自体」（竹内、一九九三［一五六－一五七］）だと言える。

㉖百合の皮

かつてアナキストの大杉栄は、社会の権力的なあり方が真の自我や個性の実現を不可能にしており、真の個人を実現しうる無権力社会を創造すべきだと主張した。その際、大杉が個人の精神や能力を百合の皮＊にたとえて、次のように述べたこともまた、大杉の基本的思想ではないにせよ、能力の共同性、「個人の自然性と環境（社会・文化）との相互関係自体」を強く示唆している。

＊　この「百合の皮」という表現は、正確にはおそらく「百合根の皮」とすべきだろうが、大杉の原著どおりにここでは「百合の皮」としておく。

すなわち大杉は、百合の芯を求めて百合の皮を剝いてもまた皮であるように、個人の精神や能力のうちに他者が作用しているもの（皮）をすべて除いても、人間の自然性以外の芯はなく、ついには能力自体は無となるが、こんな個人のあり方は問題だとしたのである。大杉の最終的な意図は別にして、百合の皮としての「能力」はまた共同的な能力のことであり、能力の私的所有論的把握の問題性を示唆している（大杉、一九八六［一六四―一六五］）。

もちろん私的所有物としての能力把握はありうるし、必要でもある。だがそれは、本来の能力の共同性から、何らかの事情で「個人の自然性と環境（社会・文化）との相互関係自体」のうちの環境要因が脇におかれ、能力の私的所有物の側面のみが浮上している事態である。

能力自体が共同的なものなら、能力差が理由の差別（不平等）は成立しえない。そもそも、この「能力差」という個人間比較の表現自体が、能力の私的所有物としての把握を大前提としたものでしかないからである。そして能力の共同性が明確であれば、個人の私的所有物としての能力の違いは、「個人の自然性と環境（社会・文化）との相互関係自体」がもたらした差であることが明確になり、その差は個人にのみ還元されるものではないので、差別する理由にはならなくなる。

つまり能力の共同性論からすれば、能力の多寡などは個人の自己責任だけの問題ではないから差別の根拠にならないのである。これは、平等主体論で、血縁や性などによる差別が否定される際に、血縁や性などが個人の自己責任でないとされたのと同じ話でもある。

(27)能力の共同性論

能力の共同性論により、第一に、能力は個人を抑圧し貶める差別（不平等）の理由にはならなくなる。つまり、能力が理由の差別という言い分の不当性が明確になる。それはまた「弱者」も「強者」も関係なく、すべての諸個人の能力が共同的なものなので、その共同存在性における諸個人すべての平等性（同一性）が確認されることでもある。

そこには第二に、平等な主体が能力を持つに〔すぎない〕という把握では消極論にとどまる能力の豊饒化などの議論を、平等主義にのっとりながらより積極的に立案する意味もある。

つまり、私的所有論的な「持つにすぎない」という分離の把握では、能力は人間存在にとってさほど重視されることはない。しかし、「個人の自然性と環境（社会・文化）との相互関係自体」としての共同的な能力は、社会・文化次元と繋がりながら、なおかつ人間存在という次元にもあって、人間存在自体という意味すら持ちうるものである。こうした共同的な能力とその把握は、能力自体の豊饒化・伸張などの個人の能力に関する積極的な営みと合致していくはずである。

さらに第三に、私的所有物として能力が把握される場合でも、能力の共同性論が基盤に座っていれば、たんなる能力の私的所有論とは異なる別の議論も生まれてくる。たとえば個人の私的所有物としての能力不全があった場合、能力の共同性論——環境・他者（社会・文化）との相互関係自体——が確立していれば、これを補塡できない環境の不備ゆえに能力不全が生じることが常に意識される。つまり一瞬は、個人の私有物の問題だとされる能力不全についても、次の瞬間には個人だけの問題ではなく社会・文化全体の問題であることがはっきりし、個人の自己責任の余地も狭まる。そして時々の能力の補塡も、本来の共同的な能力の実現の一環として位置づけられるので、道徳主義的な特別なことではなくなるのである。*

* 本書では割愛せざるをえないが、障がいを個性として捉える議論は、障がいにかかわって生じる能力不全への対処論も含まなくてはならず、それは能力の共同性の深化・拡大を通じてこそ可能になる。

なお能力主義差別を批判せずに、一般的に共同性や公共性を諸個人間で安易に想定することは、能力主義差別を肯定・容認する人たちの間に成立する共同性を認めることになるので、欺瞞以外の何ものでもない。理由が何であれ差別は真の共同性を否定するからであり、能力主義差別を放置しての共同性は、欺瞞でしかないからである。世に共同性論や公共性論はあふれているが、個人内部の能力次元での共同性を看過したままでは、必然的に不平等を自明視する共同性論にとどまってしまうことを絶対に看過すべきではない。

第4章　新たな平等論の展開へ――新現代平等論の構築のために

(1) 新現代平等論の構築に向けて

平等主義を真に進展させるには、これまでにはない新現代平等論が必要になる。だが、「これまでにはない」とは言っても、既述の伝統的平等論や現代平等論の意義と問題点を着実に踏まえてこそ、新現代平等論の構築を目指しうるのは当然のことである。* もっともその構築にはなお数多くの努力が必要であり、以下で示せるのは、まだ新現代平等論の構築に必要な基本的な枠組みの概要にとどまる。

＊　近代主義者の丸山眞男ですら、五〇年も前にすでに日本の思想界への次の警告を発していた。流行の珍奇な「新思想はつぎつぎ無秩序に埋積され」るが、既存の意義あるものを看過して「思想が蓄積され構造化されることを妨げてきた諸契機がある」（丸山、一九九六［二四二、一九三］）。

もっともその基本的枠組みのうちの二つは、すでに前章で、新能力論的平等論および新機会平等論として、その含意を大方のところは示した。しかし平等はさらに、平等客体全般のあり方やその配分の仕方や配分機関、個人責任と平等との関係など多くの事柄とかかわる。したがって本章では、より大きな観点から平等主義の発展を期して、新現代平等論の構築に資すると思われる六つの基本的枠組みを素描したい。*

＊　この六つは、竹内、一九九九の内容の発展・修正である点を、断っておきたい。

なおもちろんのことだが、本章の多くも、ロールズやそれ以降の現代平等論の成果に依拠している。そこで以下の論述は、現代平等論の解説もある程度は織り込んだうえで、全体的には私なりにまとめた新現代平等論構築ための論点整理が中心の内容になるはずである。

⑵新現代平等論の六つの基本的枠組み

六つの基本的枠組みの第一は、平等という事柄全体を何らかの配分機関が配分するものとして扱う①平等の配分志向である。そして第二が、いかなる平等も個々の関係性しだいで決まることを示す②平等の関係志向である。この二つが、新現代平等論の最も大きな枠組みになる。

そしてこの平等の配分志向と平等の関係志向をいっそう具体化するものとして、主として平等客体（平等配分グッズ）に関わる議論を通じて示され、次の四つに区分される基本的枠組みがある。それらは、平等という事柄全般に格差をつけずに同等に扱うことを重視する③平等の平準化、機会概念を新たに深化・拡大させこれを重視する④平等の機会化、個人の自己責任の有無を平等論について重視する⑤平等の責任概念化、能力などの様態にかかわる平等を重視する⑥平等の様態化の四つである。

すなわち、平等の配分志向における配分の仕方や平等の関係志向における関係のあり方を、平等主体との関わりを踏まえつつも主要には平等客体の次元でさらに精緻に展開するのが、平等の平準化、平等の機会化、平等の責任概念化、平等の様態化の四つの基本的枠組みなのである。

(3) 伝統的平等論などの「止揚」

この六つの枠組みからなる新現代平等論が完成すれば、伝統的平等論や現代平等論の「不平等と一体の平等」論などの問題点は克服され、平等主義擁護の新たな橋頭堡になるはずである。すなわち、新現代平等論やその基本的枠組みは、伝統的平等論などを「止揚*」、つまり「否定かつ保存」するものなのである。

* 現在ではあまり省みられないこの「止揚」という哲学用語は、しかし、弁証法の長い歴史においては重視されてきたものであり、こうした歴史・伝統は今後も維持されるべきである。

なお平等主義からすれば、文字どおりすべての人が真の平等主体であるのは当然であり、不平等な主体を容認するような議論は一切ありえない。だから新現代平等論の構築に向かう基本的枠組みを論じる本章でも、平等主体の範囲を限定してその外に不平等な存在を容認するような、伝統的平等論の平等主体論とその「不平等と一体の平等」論は「否定」される。もちろん、諸個人の様態を「否定（捨象）」して平等主体を析出する意義（七七―八二頁）は「保存」される。これらは新現代平等論の大前提である。

また新現代平等論や今後の平等主義は、伝統的平等論の平等客体論が一応は提起した平等客体すべての、真の実現を目指し、さらには平等客体のよりいっそうの増加を企図している。この点では、平等客体の内容すべてが「保存」されるのは当然だが、とくに現在、新自由主義が⑵―③社会権を平等客体から排除しつつあるだけに、伝統的平等論の提起した平等客体すべての「保存」には、新たな現代的意味もある。

こうした新現代平等論の構築を支える六つの基本的枠組みの議論全体の特徴を伝統的平等論とのかかわりで一言で言うなら、それは、平等の構造全体を問う平等連関論のリニューアルということになろう。それはまた、この平等連関論の区分をまさに「止揚」するものでもある。換言すれば⑶―①相対的平等、⑶―②形式的平等、⑶―④比例的平等、⑶―⑤機会平等といった平等連関論の内容の大半が、平等主義からすれば不平等なことを正当化する「不平等と一体の平等」論であった（一〇一頁以下）が、その「不平等と一体」という点の克服が、新現代平等論の六つの基本的枠組みを通じて試みられるのである。

以上をまとめると、本章では、伝統的平等論や現代平等論のうち、平等主義に資する面は「受容・保存」するが、「不平等と一体」の面を「克服・否定」して、今後の平等主義の進展に資する平等に関する新たな考え方、平等に関する思想的ないし理論的枠組み、平等の規範的社会・政治哲学を平等連関論のリニューアルとして考えることになる。そしてこれらを新現代平等論として位置づけ、不平等な現実の変革のための新現代平等論の構築に向けて、平等の配分志向、平等の関係志向、平等の平準化、平等の機会化、平等の様態化、平等の責任概念化の六つの枠組みの概要を示すのが、本章の目的である。

⑷国家介入の位置

新現代平等論の第一の基本的枠組みである平等の配分志向は、福祉国家などの配分機関を重視することになる。必ずしも現存の福祉国家などを全面肯定するわけではないが、しかし国家などの配分機関をきちんと位置づけなければ、配分は多くの場合、不平等を存続させてきた人類の歴史の必然性に任され、結局は不平等を肯定することになる。その不平等な配分機関の典型が市場秩序であり、配分という事柄の大半を市場秩序が行う配分のみに委ね続ければ、たとえ当初が平等であっても不平等が蔓延してゆく。

私有財産（property）には財貨のみならず労働能力なども含まれるが、市場での等価交換は個々に多寡のあるこの私有財産に左右される。そのような等価交換に、福祉国家的〔社会保障的〕なさまざまな配分や再配分抜きに労働や消費財の配分を委ねれば、既存の階級格差による搾取がもたらす不平等を昂進し、不平等の蔓延に荷担するだけである。

なお、国家にも市場にも頼らないと称する配分機関論に、いわゆる「第三の道」としての公共性論がある。これは、本書では割愛せざるをえず、別稿に期す論点だが、公共性論だけでは、市民主義――最底辺層を軽視しがちで能力主義的不平等を正当化する中流主義でもある――に偏り、ここに市場主義が介在して、やはり不平等が看過されがちになることに注意しなければならない。

ところで現代平等論が配分機関にふれる際には、福祉国家的なものを生んだ近代の国民国家（nation state）を看過することはできない。平等客体論で登場する種々の権利を、まさに平等客体として配分してきたのは、多くは一九世紀後半からの近現代の国民国家としての「先進国」であったからである。

もちろん近現代国民国家にそうした配分を行わせた原動力は、一方での、伝統的で平等主義的な民衆運動や労働者階級による階級闘争などの諸運動であり、これを考慮すれば配分の震源は、庶民・人民ないし労働者階級、または国民である。もっとも他方には、帝国主義や植民地主義を遂行する国家が、いわばアメの面として配分を行う福祉国家的なものを育成したことがある。この福祉国家的なものが、いかに優生学的・人種主義的不平等主義と表裏一体であったとしても（五四－六二頁）、「先進国」内で平等主体の拡大や平等主義を一定程度進展させたのは、福祉国家的な国民国家なのである。

つまりこれら双方の要因の総合として、いわば大衆社会統合を行う国民国家（福祉国家的なもの）という配分機関とその機能があってこそ、(2)－①市民権や(2)－③社会権などの平等客体の配分が可能になったのである。この配分機能について、リバタリアニズムや新自由主義が主張するように、可能な限り福祉国家などの配分機関を避けて種々の配分を市場秩序に任せてしまえば、第3章で見たように、たとえ機会平等があっても競争的市場秩序は結果の不平等をもたらすだけだから、平等客体の配分は不可能になる。

しかも興味深いことに、ノージックのようなリバタリアンでさえ、市場秩序の維持に必須の市民権や市場秩序ルール――私的所有権が代表格――などの平等性（同一性）は承認せざるをえず、この市民権中心の市場秩序ルール（平等客体）の配分は、「最小国家」という国家に依拠せざるをえなかった（ノージック、一九八五［二五－四七］）。またほぼ同じ意味でハイエクも、「機能しうる市場経済は、国家の側の一定の活動を前提する」（ハイエク、一九八六－八七ａ・六巻［一二六］）と、市民権など一定の平等客体の配分機関として、国家を強調せざるをえなかったのである。
このように市民権など市場秩序ルールの「平等」を実現するためだけでも、それらを配分する国家を必要とするのである。これは新自由主義が、〈財政的には小さい場合もあるが強力な国家を内在させた市場原理主義〉（一四－二二頁）であることの別表現でもある。

(5) ロールズ的な配分機関

以上を踏まえれば、現代平等論者ロールズが平等の配分志向を明確にし、福祉国家的な配分機関を重視したのも当然で、その背景には次の認識もあった。「自然の分配は正義に適うわけでもそれにもとるわけでもない……。正義に適ったり、正義にもとったりするものは、制度がこれらの事実を処理する〔事実を価値評価する点も含め配分は制度による〕やりかたなのである」（ロールズ、一九七九［七八］）。正義に適う平等などの価値を決めるのは自然ではなく、配分機関である福祉国家などの制度だ、という認識は本書の平等主義と同じでもある。

こうした認識を背景にロールズが、無知のベールに覆われた原初状態から導出した正義に適う平等な制度（政府や国家）の議論には、なお改良の余地はあろうが、平等の配分志向そのものが見られる。とくに『正義論』の第二部制度論第四三節「分配の正義の背景となる制度」論は、平等の配分志向の具体化であり、事実上の福祉国家が、正義の二原理（六四－六六頁）に基礎づけられているのである。

ロールズ理論が平等客体だとする「一位的社会善〔基本的社会財〕は、より広い範疇で述べれば、権利、自由と機会、および所得と富とである」（同上〔七〇〕）。そして「政府」は、これら平等客体の配分機関であるが、「平等な市民権という自由を保証する正義に適う基本法によって〔政府の〕基本構造は規制されている」（同上〔二二四〕）とされる。

さらにこの政府は、適正な市場支配力維持のために財産権の定義変更から補助金運用までも行う「配分（allocation）部門」、職業選択の自由を保障しつつ完全雇用を維持する「安定部門」、社会保障水準を維持する「移転部門」、財政基盤である相続税と累進的所得税を扱う「分配（distribution）部門」（同上〔二一四―二一七〕）の四つの部門に分割されている。

これら配分機関の機能については、正義の二原理のそれ以外は、現代福祉国家の機能とさほど変わらない。また政府全体と四つの配分部門によって配分されるものも、平等客体論の(2)―①市民権以下(2)―④経済権までとほぼ同じである。このようなロールズの配分機関論は、その実現のための諸議論を欠いているとはいえ、伝統的平等論全般が配分機関問題を看過しがちだっただけに、大きな意義がある。

もっともその後のロールズは、福祉国家の重視は国家肥大化や官僚主義に陥るなどの数々の福祉国家批判・非難を受け入れ、上記のような福祉国家的な配分機関論をかなり破棄して、「財産所有の民主制論」を唱えることになった。これは「市民全員の手に生産手段が委ねられ……、資本及び資源の所有が偏りなく分散され……」（川本、一九九七〔二二二〕）、などとまとめられるように、結果的に福祉国家的な配分機能を事実上放棄することになる。この「財産所有の民主制論」は、いわばルソー的な小所有市民主義の焼き直しになりかねず、配分機能をかなりの程度市場秩序論ないし市場秩序の介在する公共性論に委ねる方向に向かうものであり、本書のとるところではない。

本書ではこれ以上は言及できないが、平等主義的配分のためにさしあたりは――国家死滅（≠廃絶）の展望が現実化するまでは――、国家権力の肥大化と官僚主義化を防ぎうるヴァージョンアップした新福祉国家構想が必要だと思われる（後藤、二〇〇六［三二三‐三八五］）。

(6) 保険機構を使う配分機関

ドゥオーキンの〈資源の平等論〉が示す平等の配分志向は、一見したところ、ロールズ以上に市場秩序化傾向を持っているように見える。しかし、まだ青写真的でしかないものの、今後の新福祉国家構想や新現代平等論構築にとって、興味深い論点も提起しているように思われる。

それは保険機構を使った資源（平等客体）の配分論であり、保険機構という市場秩序に親和的な内容に依拠している。だが「保険の構造を税制度へと転換させる」（ドゥオーキン、二〇〇二［一四〇］）と明言するように、保険機構も国家的な税制度のモデルとして使われており、ドゥオーキンの保険制度論は単純な市場秩序への依存を意味しない。この点でドゥオーキンは、現存福祉国家をある意味で超えた配分機関として、「福祉国家」を論じているとも言えよう。

この保険機構を利用した徴税による資源確保とその配分は、ドゥオーキンが様態（能力や嗜好など）を次のように二つに区分することからも立論される。それは、個人の自由意志の下にあり自己責任の範囲内の様態――人格（person）、意思（ambition）――と、遺伝決定のような個人的にはいかんともしがたくその個人責任も問えない様態――環境（circumstances）、才能（talent）――との区分である。そして彼は前者の「人格・意思」については、平等化を問わない。だが、後者の「環境・才能」の格差やその欠如である障がい〔ハンディキャップ〕とこれらに基づく資源の不平等を、保険機構を利用した保険料（税金）徴収とその再配分により、平等化しようとするのである。

ドゥオーキンは、誰しも将来、同じリスクで障がいを被り、またリスクに備えて保険を掛ける、という仮説に依りつつ次のように言う。「平均人は特定レヴェルで保険に入ったことであろうし、これに応じた仕方で障害を被る人々に補償するであろう、と。そしてこの補償は、税の徴収やそれ以外の強制的な手続きによって取り立てられた何らかの基金から支払われるが、この基金は……、保険の掛金として提供されたと思われる基金に相当する……。身体障害を被る人々は、他の人々よりも多くの資源を自由に利用できることになるだろう。しかし、彼らの資源の割増分は、人々の状況が現状よりももっと平等であったならば人々が行ったと想定される市場での決定によって確定される」（同上〔一〇九–一一二〕）。

この議論に対しては、遺伝性の障がいなどの先天性の能力差に保険は掛けられないとか、保険料を支払えない人は脱落するなどの、仮説的議論への批判がある。

だが前者の批判に対しては、人類全体の先天的要因とその相違——障がいの発生頻度や自然的な資質の差異など——をリスク範疇によって推定的に把握し、これに基づいて基本的にすべての支払い可能な人が保険料（税金）を払う仕組みがありうる、という反批判が可能である。また後者の批判に対しては、保険料が強制的にまた累進的に「徴収される税」となる——低所得者の保険料を少額かゼロにする——システムは可能だし、これはある程度は現実にも行われている、と反批判できる。

これらは、配分機関の機能によってカバーできることである。しかもドゥオーキンの提示するこの市場は配分機関が利用するモデルであり、その議論も「想定される市場」論であるため、単純な市場志向ではない。

(7) 羨望テストと一体の競売論

ドゥオーキンの平等の配分志向はさらに、「環境・才能（⇕障がい）」を個人の自己責任の範疇外とし、これの保険機構による平等補償を論じる点で、後出の平等の責任概念化と重なる。また「環境・才能」の多寡で、平等に向けての補償が異なる点では、平等の様態化にも通じている。

しかも「人格・意思」など個人の自由意志・自己責任内のことについては、配分機関（国家）の介入を避けて、市場などでの自己決定と自己選択に任せるとしているので、官僚主義的不自由に陥りにくい議論でもある。このように平等を実現するための配分機関を、一般的な自由論とも両立させつつ想定することには、大きな意義があろう。

ドゥオーキンにはほかに、彼の言う「羨望テスト」にパスをするまで、資源の競売を繰り返して〈資源の平等〉を達成するという議論もある。つまり、競売による資源（平等客体）の配分の終了時には、諸個人が所有する資源すべて――「生活に資するものすべて」であり、ロールズ的には権利、自由と機会、所得と富――について、相互に妬み（羨望）を持たなくなっており、その際にはじめて、〈資源平等〉に至るとされるのである（同上［九四―九九］）。

すなわち、競売が実現する〈資源平等〉は、諸個人の平等客体が質量ともに同一であることなどではなく、平等客体をめぐる妬みが諸個人相互間に一切ないという点での同一性を意味する。これは、平等主体が相互に妬まない関係にあるという点でも、平等客体の平等たる所以が主体相互の羨望の有無という関係で決まる点でも、平等の関係志向そのものを示している。

そしてこの羨望テストを挟んだ競売論についてドゥオーキンは、「資源の平等について何らかの魅力ある理論を展開しようとすれば、その中心に置かれるべきなのは、極めて多様な財やサービスの価格を決定する装置としての経済市場の観念である」（同上［九五―九六］）と言う。つまり、市場秩序という配分機関を想定してはいるのである。

だがこの場合も、「より複雑な社会にあてはまるように平等な競売を十分に発展されたかたちで記述することは、現実世界に存在する制度や分配を判断するために規準を提供し……、この〔競売〕装置は、現実の政治制度を計画するときにも役立つ」（同上［一〇三］）、とする。つまり、単純な市場秩序による配分の肯定ではなく、やはり政治制度的な配分機関のモデルとしての市場とそこでの競売に、したがってまた社会全体や政治次元からの、さらには、それらによる規制を踏まえての、市場や競売などの利用ということに重点がある。もちろん市場をモデルとして使うには、市場規制のための権力論など歴史的な大課題があるが、ドゥオーキンもそこまでには至ってない。

(8) 政治共同体＝「福祉国家」

ウォルツァーの〈複合的平等論〉は、公職者による福祉などの配分に対する義務と共同体成員の税金などの費用負担における拘束をあげ、それらを実行する「強制機関」を主張する。そしてこの「強制機関」である「すべての政治共同体が原理上、一つの『福祉国家』」だとする（ウォルツァー、一九九九［一一五］）。加えて配分という言葉の意味が劇的に拡大されて、「私たちは共有し、分割し、交換するために集まる」が、この「人間社会は配分をめぐる一つの共同体である」（同上［一九］）とも言う。

このように人間の共同体自体が、配分機関・福祉国家であることが強調されるように、ウォルツァーにおいても、その〈複合的平等論〉の中核には平等の配分志向がある。さらに「部分的には地域のそして素人の公職者によって運営されている力強い福祉国家」（同上［四七八］）が強調される。また「私たちが意味を識別し、配分の領域を区別し始めるや否や、平等のある企てを始め」るが、この意味を解釈し識別する基礎の「感覚や直観の……共有は〔国家より〕もっと小さな単位のところで生まれ」（同上〔五六―五七〕）る、とする。

これらは、機能すべき配分機関（共同体）の素人化・分権化・小単位化傾向を示すが、それは既存の福祉国家の官僚主義化批判に繋がるものである。さらにそれは、ウォルツァーの平等論が〈複合的平等論〉と言われる所以も示している。なぜなら彼は、本書のような一律の平等客体*は認めないからである。つまり彼は、「小さな単位」である共同体での「意味の解釈」しだいで平等客体が異なるとし、異なるさまざまな平等客体の「複合的関係性」――後述の異なる平等客体相互の「相殺」――に平等成立の理由を見出すからである。

＊　平等客体は、ロールズやドゥオーキン的に表現すれば、自由や権利や所得や富だが、本書では、伝統的平等論の平等客体論が示す市民権・政治権・社会権・経済権・能力・階級・価値である。

この論点は平等の関係志向と、さらには平等の様態化とも重なるが、ウォルツァーは、平等客体についての「単一性（統一性）の探究は、配分的正義の主要問題を誤まらせる」（同上〔二一〕）と主張する。この発言は、平等客体について、たんに同一性＝単一性をもって平等とする点を非難しているが、それだけではない。加えて諸個人ごとに平等客体が異なること、すなわち量的相違だけではなく、質的にも種類でも異なる点を含んでいて、しかも平等客体（財）の意味しだいで、平等客体の配分が異なっても平等だと言える、というのが、ウォルツァーの主張なのである。「財の動き〔配分〕を決定するのは財の意味である……。すべての配分は……、財の社会的な意味との関連で、正しい関係にあるか、不正な関係にあるかである……。正しい配分も不正な配分も、時代とともに変化する」（同上［二七八］）。

この「意味による平等配分」とは、たとえば、市場での生産性の高いAさんがそれに見合った意味ある高収入を得ても、政界での政治力の強いBさんがそれに見合った意味ある強力な権力を得ても、さらには教会でありがたい説教をする高僧Cさんがそれに見合った意味ある多大の尊厳を獲得しても、三者三様に意味に見合った収入・権力・尊厳という平等客体を得たことになり、これが〈複合的平等〉だとされる。そのため市場・政界・宗教界各々の配分「領域内であれば独占は不適当ではない」（同上［四四］）、ことにもなるのである。

〈複合的平等論〉からすれば、この平等を否定する不平等は、たとえば高収入のAさんが自らの収入を転用して政界でのBさんの権力や宗教界でCさんの尊厳を「買い取る」ことで生じる。逆に、各小単位の配分領域で意味に見合って「独占」している限りは、市場での収入と政界での権力と宗教界での尊厳の三者が、相互に複合的に「相殺」される関係のうちにあることになり、そこで〈複合的平等論〉——ウォルツァーは相互に「相殺」という点にも〈複合的平等〉を見る（『ディーセント』誌の論文「平等の擁護」、未邦訳）——はより確実になるとされる（竹内、一九九九［一一二］）。ただこの〈複合的平等論〉は、さまざまな平等客体の間での因果関係（九六―九九頁）を捉えないため、とくに経済的不平等による政治的また文化的不平等の規定、つまりは経済領域の現実の威力を看過することにもなる。

⑼福祉国家批判の問題

以上見てきた平等の配分志向においては、福祉国家などの配分機関を重視する一方で、福祉国家的配分機関が陥りがちな官僚主義を退けようとしていることがわかる。

ウォルツァーの「意味による平等配分」や配分機関の小単位化傾向、また平等客体間でのいわば複合的な「相殺」は、福祉国家的な巨大配分機関（単一の司令塔）による命令や、その際の官僚主義——官僚が庶民に対して不平等要因になる——の排除を可能とする。またドゥオーキンによる保険機構や競売などの市場秩序の採用にも、福祉国家的な官僚主義や命令主義を避けようとする意図があろう。

さらにはロールズが、市場競争容認に至る市民権的な正義の第一原理を、平等論的な第二原理に優先させ、さらに第二原理の中でも、結果の不平等を容認する伝統的な機会平等論を不平等解消のための格差原理に優先させた点にも（六四－六六頁）——ロールズが不平等論に落ち込む要因でもあるが——、官僚主義回避の意図があると言える。

ちなみにヤングも『正義と差異の政治』で、福祉国家が立てる単一の統一的な配分規準としての「非偏愛性（公平性）」は、民族・文化の多様さからして不可能だとする。さらにそうした配分規準に依拠する配分機関は、特権集団の観点を普遍化して文化帝国主義に至り、官僚主義的意思決定とその権力を公平だと詐称するだけだと主張する（竹内、一九九九［一四八］）。

しかし福祉国家を問題視するこうした見解はまた、完全ではないにせよ重要な平等客体⑵－③社会権や(2)−④経済権)をある程度は実現してきた福祉国家(社会国家)の軽視に至るものでもある。

この点について、たとえばユルゲン・ハーバーマスは、一方では「社会国家の改良主義的政策」が「健康・文化・教育政策の諸領域において誰もが感じている極端な悪影響の克服にまで及んでいく」(ハーバーマス、一九八七[三四六])と言い、福祉国家(社会国家)による福利と自由の向上を一定評価する。だが他方で福祉国家化の根幹を法制化とし、法制化による官僚主義化や「生活世界の内的植民地化」「病理的な副作用」(同上[三五九])を批判する。そして「自由を保証するはずの手段そのものが受益者の自由を脅かすこと」(同上[三六六])が最も問題だとするのである。

そのうえで、福祉国家的改良と法制化・官僚主義化との矛盾を福祉国家そのものの危機とし、この危機の解決を最終的に次の点に求める。それは、批判的意識と自律的意思形成に基づく「生活世界の反作用」「コミュニケイション的行為の徹底したしたたかさ」(同上[四二九])である。

こうしたハーバーマスの把握にもたしかに意義はある。だがこの把握にとどまれば、社会権による平等の拡張が登場せず、福祉国家の危機の克服も不平等を昂進する新自由主義に譲歩しかねない。実際その後のハーバーマスは、コミュニケーション的行為の潜在力についても、福祉国家によるその形成にも言及しない。そのため彼は、近代主義的で個人還元主義的な権利論上の、つまりは社会権を軽視した(2)−①市民権論上での市民主義的な、また公共圏論的な理論に陥っているように思われる。

だからハーバーマスの批判理論が賞揚し続ける「市民社会(Zivilgesellschaft)」も、次のようなものになる。「制度的核心をなすのは、自由意思にもとづく、非国家的・非経済的な共同体および連帯的結合であり、これらの決定と連帯的結合によって、公共圏のコミュニケイション構造は生活世界の社会的構成要素に根をもつ」（ハーバーマス、二〇〇三［九七］）。これでは、労苦なく「非経済的連帯」が可能な経済的余裕のある層が主体となる社会に至ることになり、経済的共同や経済権の平等にかかわってこそ意味のある社会権が看過され、平等主義も無視ないし軽視されてしまう。*

＊　ハーバーマスは比較的近著の『事実性と妥当性』の権利の原理的基礎づけでも、討議原理の主導による人権と人民主権との統合、私的自律と公的自律との総合を説くが、それら内部には社会権を一切登場させず、市民権偏重の権利〔法〕構成を正当化する（ハーバーマス、二〇〇二［一四七－一六二］）。

こうして、平等客体としての社会権の擁護一つを考えるだけでも、少なくとも当面は、やはり新たな福祉国家としての配分機関を構想すべきことになる。もちろん官僚主義化などの問題は解決せねばならない。それには我々庶民が、放置すれば不平等化する市場の諸動向に対抗する〈壁として、福祉国家を平等主義に資するように使いこなす〉ための強力な運動――労働運動などから福祉や環境などにかかわるさまざまな今以上に強力で豊かな社会運動*――を構築せねばならないだろう。

＊　現今の地球温暖化防止の排ガス規制問題を顧みても、福祉国家的規制とこれを可能にする社会運動が弱体ならば、結局は「途上国」の排出権販売と「先進国」排出権購買との市場での等価交換的調整に終わり、排ガス削減には至らない。それはちょうど、福祉国家的な配分機関を無視・軽視すれば、ほとんどすべてのこ

とが市場秩序に席巻され不平等の根絶には至らないことの例示もしくは類比になると思われる。

⑽主−客関係と継続性

次の新現代平等論の第二の基本的枠組みである平等の関係志向は、最も抽象的には、平等主体についても平等客体についても、平等という事柄自体を種々の関係性の中でのみ決まるものとする、ということを強調する。つまり何をもって平等とするかは、統一的一義的には決まらない、ということでもある。

たとえば諸個人の血縁・身分・財産を「否定（捨象）」して、⑴−①血縁・身分・財産にかかわらず平等という平等主体を成立させることにも、平等の関係志向がある。その際の「否定」は、諸個人相互を血縁などに無関与にする点では、一種の関係性だからである。

またたとえば、⑵−①市民権の平等と⑵−③社会権の平等の成立を、平等主体との関係しだいだとする点も、平等の関係志向である。移動や学問の自由などの権利である市民権は平等主体の様態などには無関係に、量質ともに同一で⑶−①絶対的平等（絶対的同一性）であってこそ平等である。そこには、諸個人の能力などの様態に無関係であるのはもちろんのこと、血縁・身分・財産に無関係という平等の関係志向が成立していなくてはならない。*

＊　無関与・無関係ということも立派に関係志向に含まれる。この点は無関係にする、という関係作用の一つを考えてみればわかりやすいと思われるが、これらの議論はヘーゲル『論理学』に詳しい。

他方の社会権については権利の具体的な内容、たとえば生活保護費などの財の配分は、以上の市民権の場合とはまったく違う。この財の配分は、諸個人の経済事情や様態との関係によって大きく左右され、ある種の(3)－④比例的平等に基づく諸個人ごとに異なる(3)－①相対的平等であってこそ、真の平等となってゆくものである。ここで言われているのは、諸個人の様態などに応じるという関係性が平等を決めることであり、その点では平等の関係志向そのものなのである。

何度も示唆してきたつもりだが、平等をたんなる同一性にも非同一性にも限定しない点にも、平等の関係志向がある。平等主体相互の関係や平等主体と平等客体との関係によって、平等は同一性にも非同一性にもなるからである。伝統的平等論では意外にも不明確だった、平等には同一性と非同一性の双方がある、という点の明示にも、平等の関係志向の意義が見られるわけである。

さらに平等は一時的なものではなく、継続性、つまり現在から未来に至る関係性だという論点もある。この継続性も伝統的平等論では看過されてきたが、平等の関係志向に含まれる重要な課題である。本書でも本格的に扱う準備はないが、それは個人の一生という継続性に加え、人類の歴史性や共同体の連続性などにかかわる非常に大きな課題でもある。

現代平等論では〈福祉（選好の充足）への機会の平等論〉を唱えるアーナソンが論文「平等と福祉への平等な機会」（『哲学的研究』誌所収、未邦訳）で、個人の一生にわたる継続性にかかわって、いわば平等論的意思決定樹の青写真を論じている。

「福祉への平等な機会が行き渡るには、各人が一連の選択肢に直面することになるはずで……、こうした選択肢は、これが与える選好の充足の見込みという点で、他のすべての人の一連の選択肢と等価〔つまり平等〕である……。我々は諸個人にとっての可能で完全な人生史を与える意思決定樹を構築する……。すべての人が等価な意思決定樹に直面していれば……、人々の間で福祉への平等な機会が行き渡る」（竹内、一九九九［一七七－一七八］）。

この議論で注目したいのは、すべての人に「選好の充足の見込み」を一生を通じて等価（平等）にすべく、意思決定樹を処理する個人の能力格差をも問い、これの補塡を人生全体にわたって行おうとする論点である。これは現時点では机上の空論のように思われるかもしれないが、その理論的充実は平等客体の継続的拡大を論じることにもなり、後述の平等の平準化や平等の様態化にも繋がるものである。

福祉国家を重視するリベラリストのトマス・ネーゲルも『平等と偏愛性』（オックスフォード大学出版局、未邦訳）で次のように言う。「平等主義的原理の主題は、諸個人に特定の報酬の配分を時々になすことではなく、誕生から死に至る全体としての個人の生活に関して展望されるべき質である」（竹内、一九九九［一四一－一四八］）。実践的には言うまでもなく、理論的にも今後の展開に委ねなければならないことが多いにせよ、継続という関係性を扱う平等の関係志向の意義も大きいはずである。

⑾主体相互間の関係

主体相互が個人的にいかに異なっていても、何らかの意味で相互に平等を確認しあえる関係があれば、そこにも、平等の関係志向がある。ドゥオーキンの〈資源の平等論〉では、相互に所有する資源を妬まない関係になるまで続く資源（客体）の競売を構想するが（一七七－一七九頁）、この相互に妬まない関係の成立にも平等の関係志向がある。

またウォルツァーの〈複合的平等論〉も、各配分領域での意味に見合う「独占物」相互の間に、複合的に「相殺」しあう関係が成立することを構想していた。市場での収入、政界での権力、宗教界での尊厳などが相互に複合的に「相殺」される関係があれば〈複合的平等論〉が実現するというのがウォルツァーの主張だが（一七九－一八一頁）、そこにも平等の関係志向が見られる。

さらに次のように平等主体の成立を説くネーゲルの『平等と偏愛性』にも、平等の関係志向がある。彼は、一方で諸個人は、個人的で利己的な偏愛的利害関心に執着すると言う。だが他方では、この個人的偏愛性と超個人的非偏愛的（公平）な利害関心とが相互的人間関係の中で統合され、これにより相互の利己性が克服されて、相互的な諸個人間の平等が確認されるとする*（竹内、一九九九［一四一－一四八］）。

＊ なおネーゲルは、「両親がよい暮らしをしていたという偶然によって、もっぱら高学歴に接近できたことで得られた巨大な競争的利益は、幾分かは汚れているという一般的感覚」ということも主張し、平等主義的感覚の重要性も指摘する（同上［一四九］）。相互的な諸個人間の平等論について加えれば、ネーゲルが事実

上依拠していると思われるアダム・スミスの道徳感情論のほか、ヘーゲルら以来の、また近年流行のフランクフルト学派などの相互承認論の意義ある内容を生かす必要もあろう。

これら平等の関係志向は、個人的差異とその相互的関係を重視してこそ平等が成立することを示している。この、個人の主体性や自由や個性を重視する平等論は、従来は平等論や平等主義の重視は個人の主体性や自由などを阻害するとされがちであっただけに、新現代平等論の構築にとっても大きな課題である。また先述の継続性やさらには人類の連続性などに関する平等の関係志向も、社会変革の原理にもふれる大きな課題であり、きわめて重要である。

しかしそれだけに、これら平等主体相互の関係や継続性・歴史性などの関係性に及ぶ平等の関係志向全般をこれ以上深化させるのは、今後の課題とせざるをえない。そこで以下では、主要には平等客体間の、または平等主体と平等客体との関係に限定し議論を進める。この意味での平等の関係志向の具体化とも言える平等の平準化、平等の機会化、平等の責任概念化、平等の様態化の四つ（新現代平等論の六つの基本的枠組みの③④⑤⑥）を、以下では順番に見ていきたい。

⑫平等の平準化の具体的位相

まず三つ目の基本的枠組みである平等の平準化*とは、一言では、平等とされる事柄すべてに、一切の格差を介在させないことである。だが、きわめて当然なこのことが伝統的平等論などでは徹底されることはなかった。だからこそ平等主義からすれば、平等という事柄に混入してくる不平等を否定する平等の平準化を、新現代平等論の枠組みとする必要がある。その際にはまた、平等客体の拡大とも常に一体となりうる平等の平準化——新たな平等客体を旧来の平等客体と同等に扱うこと——も必要になる。

＊ 平等の平準化は、竹内、一九九九では、平等指標の単一化と呼んでいた。

平等の平準化は、本来は平等客体だけでなく平等主体にも該当する。だが平等主義からすれば、文字どおりすべての個人が平等主体であるべきなのは自明の大前提である。この点で平等主体に関する平等の平準化は、誰も平等主体の範囲から排除しないという「宣言」でよい。

もっとも伝統的平等論では、そうした平等主体の析出の際に主体の様態すべてを「否定する」危うさ——平等主体が幽霊になりかねない——があった。この危うさの克服に向けて本書は、平等な人間存在が能力〔差〕を持つ議論や能力の共同性論を提起した（一五一頁以下）。そしてすべての人を平等主体にする傾向は、(1)–②人種・民族にかかわらず平等などにおいてはもちろん、さほど現実化してないにせよ(1)–⑦能力にかかわらず平等などとしてもある程度は意識されつつある、と考えてもよいだろう。少なくとも本書では、すべての人が平等主体だという平等の平準化傾向は、平等主義的な理論では自明の大前提であり、ほとんど議論する必要はないと考え、以下の平等の平準化の議論では平等客体のみを扱う。

⒀権利論の平準化

すでに確認したことだが、伝統的平等論においては、平等客体について軽重・格差をつけるという問題点があった。つまり、同じ平等客体であるはずのものを同一水準で扱わず、結果的に平等客体論の中に不平等を醸成することがあった（九六−九八頁）。それは伝統的平等論が、「不平等と一体の平等」論にとどまることの証拠の一つでもあった。

典型が(2)−①市民権は十全な意味での平等客体とされるが、(2)−③社会権は、その具体的内容に立ち入れば、平等客体からはずされがちだったことである。そうでなくとも社会権については、市民権ほどにはその実現が(3)−①絶対的平等や(3)−②実質的平等の水準になくても問題視されなかった。つまり社会権の実現は、(3)−①相対的平等や(3)−②形式的平等の水準でよいとされ、軽視されがちであった。

これに対しては、すでにロールズらの現代平等論でもある程度は、平等客体に格差をつけない平等客体の平準化という方向が示されていた。

それはロールズ〈基本的社会財の平等論〉が、平等にすべき「一位的社会善（基本的社会財）」は、より広い範疇で述べれば、権利、自由と機会、および所得と富とである」（ロールズ、一九七九［七〇］）としたことに見られる。ちなみにドゥオーキンは、自ら資源（resource）と呼ぶ平等客体に一時的にせよ能力をも加え、(2)−⑤能力の平等も市民権の平等などと同等なものとして、平等客体の平準化をさらに進めた。

ロールズの場合、能力の平等ということまでは提起できなかったが、上記でロールズが「権利」としたことは事実上市民権であり、「所得と富」としたことは事実上、その具体的内容に立ち入った社会権である。つまりは、これら二つの権利が平等にすべき「基本的財」として一応は同一水準にあることをロールズは明示したのであり、そこに平等の平準化がある。

しかし同時に、社会権の平等という範疇の中で所得や富が提示されなかったことには、ロールズの権利論的弱点が現れているとも言える。つまり、社会権を市民権と真には同一水準の平等客体にできなかった弱点がある。もっともこの弱点は、ロールズ一人のものではなくハーバーマスらにもあり（一八四頁）、さらには、現代の社会権を重視しているとされる法学者にもある弱点である（九八頁）。

さらには平等客体の平準化がなければ、目指すべき権利についての絶対的平等は市民権に限定される。つまり社会権については、絶対的平等をあきらめて、たんなる相対的平等で話が済まされ、*権利自体についても市民権と社会権の扱いの違いにより、「不平等と一体の平等」論が存続することになるのである。

＊　ただし、比例的平等論における「ふさわしさ」に依拠する社会権（一〇八－一一〇頁）にとって絶対的平等とは何か、については別途、本格的に考える必要がある。

⒁能力論へ

また平等客体の平準化が進展しなければ平等客体のいくつかは、伝統的平等論でそうであったように今後も形式的で名目的なものにとどめおかれかねない。つまり⑵－⑤能力の平等や⑵－⑥階級・権力の平等や⑵－⑦価値の平等については、言説レベルや法文上での⑶－②形式的平等の水準で終止符が打たれ、これらの平等客体が(3)－②実質的平等に至っていないことの問題性さえ意識されないままにとどまりかねない。このことは、不平等を不問にふしたうえで不平等を推進する大問題にも至りうる。

とはいえ階級・権力の平等と価値の平等の実現に向けては、膨大な議論が必要であるため、本書では扱えない。以下では平等客体の拡大とその平準化を考えるうえで、有益な若干の議論を紹介しながらの、能力の平等にかかわる検討を中心にしたものにとどめざるをえない。

そうした検討のきっかけになるのは、現代平等論においてアーナソンが〈福祉への機会〉を、またコーエンが〈有利さへのアクセス〉を平等客体としたことである。なぜなら、〈福祉への機会〉や〈有利さへのアクセス〉は、(2)－①市民権や(2)－③社会権などの伝統的平等論が提起してきた平等客体との重なりや相違について問うべきことが多いからである。しかも、さらにそうしたアーナソン的な〈機会〉概念やコーエン的な〈アクセス〉概念（二〇〇頁以下の平等の責任概念化論で詳論する）は、事実上、能力概念を含むのである。この場合の能力は、他者からの助力・補塡を得て〈機会〉や〈アクセス〉が実現するという意味での能力であり、個人の私的所有物としての能力を超え、共同性の意味を持つ能力に近い。

⒂能力の私的所有論を超えて

もっともロールズなどの議論も含め、現代平等論がある程度は平等客体としてきた能力は、しかし現代の能力主義差別の自明視もあり、多くの場合実際には、さほど重要な平等客体になってはいない。そうであればなおさら、能力を平等客体の平準化の中できちんと捉えておく必要がある。

では、(2)―⑤能力の平等が実現するほどに、能力を平等配分される平等客体に含め、その平等客体の平準化を図るとは、いったいどのようなことなのか？

数は多くはないが、現代平等論における議論から考えていきたい（これについては、後述の平等の責任概念化論にまでまたがる話になる）。

センの〈基本的潜在能力の平等論〉は、能力を基本的社会財などによって補塡されて意味を持つ機能と捉え、そうした機能＝基本的潜在能力を平等客体とした。そこでは、明らかに基本的潜在能力と他の平等客体との平準化が図られている（六六―六八頁）。

またドゥオーキンの、諸個人の能力は物質的資源と一緒になって価値あるものをつくりだす際に使用されるから資源と同じだ（一五八頁）、という主旨の言葉も、その限りでは、能力の平等を含めて平等客体の平準化を図るものだと言える。さらには前頁でふれた、アーナソン的〈機会〉やコーエン的〈アクセス〉もここに加わる。

もちろん、能力の平等論が進展して平等客体が拡大し平等の平準化が展開する際には、能力把握自体も変わる。すでに確認したとおり能力の平等論は、諸個人の私的所有物としての能力を完全に同一にする、といった荒唐無稽なことを意味するものではない。そのとき能力の平等論は、個人のたんなる私的所有物としての能力ではなく、能力の共同性論に基づく議論だからである。

個人の能力が相互関係自体として共同的なものでもあり、誰の能力も潜在的には外界や他者から補塡されて平等になりうる共同的なものであるからこそ、能力の平等が言えるのである。

個人の私的所有物としての能力把握を超えて能力の共同性論に依拠することは、新自由主義など能力主義差別を自明視する議論からすれば噴飯ものだろう。新自由主義は、能力を私的所有物としてのみ捉えて、能力の個人還元主義に基づく不平等主義を主張し、これを露ほども疑わないからである。だが能力の個人還元主義こそが誤りなのであり、新自由主義による平等主義攻撃に対しては、能力の共同性論に依拠すれば強固に反論できるし、その糸口はすでに随所で示唆してきた。

⒃平等の機会化再論

次に、四つ目の基本的枠組みである平等の機会化に移りたい。もっとも、平等主義が推奨する平等の機会化の内容の大半は、第3章ですでに述べた形式的機会平等A、形式的機会平等B、実質的機会平等C、実質的機会平等Dの四つ（一三〇頁以下）を合わせたものである。そのため以下の平等の機会化論の多くは、第3章の復習的なものになる。

すでに述べたとおり、伝統的平等論の機会平等論は、それ自身が機会平等⇕市場競争ワンセット論となり、能力主義的差別に無抵抗になるどころかこれを推進する。つまりチャンスとしての機会の平等後の、市場競争による結果の不平等や、個人の能力しだいの不平等などを強力に正当化する不平等論でしかない。

このように不平等を正当化する議論だからこそ、伝統的には⑶－⑤機会平等は、不平等主義者や新自由主義者もが採用する「平等論」だった。

そうした不平等主義を一掃して、「できるようにすること（enablement）」を含む実質的機会平等Dを中心に、上記の四つの機会平等をまとめるところにこそ、平等主義が推奨する平等の機会化の意義の中核がある。市民権的な他者などに妨害されない出発の場＝機会の平等（形式的機会平等A）、社会権的な経済的保障＝機会の平等（形式的機会平等B）、教育論的で福祉的な助力＝機会の平等（実質的機会平等C）、能力の共同性論に基づく能力自体＝機会の平等（実質的機会平等D）、これら四つの機会を、実質的機会平等Dを中心にまとめたのが平等の機会化なのである。

それは、従来の結果の不平等と一体の機会平等ではなく、むしろ結果の平等にかなり近づく機会平等であり、これこそが、新現代平等論の基本的枠組みをなす平等の機会化だと言える。

⒄四つの機会平等再論

平等の機会化を簡略に示せば以上に尽きるが、今少し形式的機会平等A、形式的機会平等B、実質的機会平等C、実質的機会平等Dを復習しておきたい。形式的機会平等Aは、社会的な場への参加の際に、人種や性や家系などにかかわらず、いかなる諸個人でも平等主体として扱い、封建的因習なども含む他者・環境からの妨害すべてを排除する。だが形式的機会平等Aがあっても、経済的条件などで社会的な場への参加が不可能なことも、教育現場などを考えれば多々存在する。

形式的機会平等Bは、以上のような経済的条件の不備のために教育などへの参加が不可能になることを防ぎ、社会的営為が可能になるまでこの経済的条件を充足する。端的には経済的条件を機会概念のうちに含め、その平等を図るのが形式的機会平等Bである。

だが形式的機会平等Aと形式的機会平等Bの双方が実現しても、教育や社会保障の不平等は横行する。なぜなら形式的機会平等Aと形式的機会平等Bだけでは、個々人の能力や選好に真にふさわしい教育や社会保障にはならず、往々にして能力差を理由にした差別（「能力に応じた分相応」の不平等）に至り、この不平等を正当化するからである。

この能力主義差別を克服するのが実質的機会平等Cであり、これは、教育機会などが個人の能力を理由に不平等になることを克服する。つまりいかなる能力の持ち主にも、個々人の異なる能力の成長に真にふさわしい――この各人にふさわしいという意味で各人に同一〔平等〕に――教育態勢を整えることなどが実質的機会平等Cである。だが実質的機会平等Cが実現しても、たとえば当然のことながら、健常者と障がい者との私的所有物としての能力差は残り、この能力差を理由にした差別に抵抗しにくい問題が残る。

この問題を解決する機会平等論が、実質的機会平等Dである。実質的機会平等Dは、個人の私的所有物としては格差がある能力を、環境はもとより他者から補塡・補償される機会として捉え直し、この意味での能力＝機会の平等を図る機会平等論である。能力自体に他者性・共同性を見出し、共同的なものとしての能力を機会として把握し直し、この能力を平等にするところに、実質的機会平等Dを中心とする平等の機会化が成立する。

⒅機会と個性および自由

機会＝能力を捉える実質的機会平等Dを中核とする平等の機会化は、当然だが、以下で示す平等の様態化――能力や選好や嗜好など様態の充足の平等化を図ること――とも重なる。また平等客体を機会＝能力にまで拡大するので、拡大した平等客体の平準化を平等の機会化についての議論が問うことにもなる。加えて配分機関が補償する機会＝能力は、個人の自己責任がないがゆえに補償されるのだから、平等の機会化は平等の責任概念化にも繋がっている。さらに平等の機会化は、能力の共同性とリンクして能力主義差別（不平等）の克服にも直結する。

こうした平等の機会化はまた、個人の自由裁量の重視を平等論において提示するものでもある。この点に関して、分析的マルクス主義者ジョン・E・レーマーの『哲学と公共問題』誌上の論文「平等主義的立案者にとっての実践的責任論」（未邦訳）は参考になる。レーマーは、ロールズの〈社会的基本財〉、ドゥオーキンの〈資源〉、センの〈潜在能力〉、アーナソンの〈福祉への機会〉、コーエンの〈有利さへのアクセス〉などの平等客体についての議論をまとめて次のように言う。

「これら提起はすべて、結果ではなく機会を平等にすることを試みている」。「基本財と資源は……

人々が自らにとって価値ある結果を導く自らの機会を実現するための資力である。センにとって、さまざまな仕方で機能する潜在能力は諸個人が自ら為すための必要条件〔手段〕なのである」（竹内、一九九九〔一七一―一七二〕）。

すなわちこのレーマーの平等の機会化についての議論は、ある意味ではレイが指摘した「手段視点の機会平等」（一二九―一三〇頁）とも合致するものであり、機会を端的に手段として捉えることを含んでいる。レーマーの言う平等の機会化の最大の意義は、個人が何らかの価値・目的を実現しようとする際に、個人の主体性が無視されないよう、官僚主義などのパターナリズムを否定するところにある。なぜパターナリズムが否定され諸個人の主体性が確保されるかと言えば、価値や目的の実現に必要な、配分機関により配分される機会＝手段を平等にする「だけ」なら、価値や目的を実現することは、それらを担う諸個人の主体性に委ねられるからである。

ただし、この平等の機会化により、機会＝手段の平等に、さらに機会＝能力という実質的機会平等Ｄの内容までが加わると、問題が生じる可能性がある。というのは、通常は主体性の根源とも考えられる能力が配分機関によって補塡されるなら、主体性が国家などの配分機関にパターナリスティックに規定されたことになり、真の個人の主体性はなくなりかねないからである。

しかし、この機会＝手段＝能力は、配分機関その他によって外から補塡されても、最終的な価値・目的の実現がこの機会＝手段＝能力を使う諸個人の主体性（個人性）に、つまりは個人の自由裁量に任される形になって個人ごとに異なる。そうであるのなら、平等を実現しつつ、同時にリベラリズムなどが重視する善の個人性や自由の実現までもが可能になる。

平等の機会化の重要性は、能力主義的な不平等の真の克服を考え、「弱者とされる人」も何らかの価値・目的を実現「できるようにし（enable）」、なおかつ個人性を重視するところにある。それは「最弱者とされる人」も含めて、平等主義の真の実現を図りながら、他方で「平等主義は自由を毀損する」といった議論にも反論するものなのである。レーマー自身の提起は、本書ほどには明確なものではないが、今後個人の自由裁量論と整合する平等論として機会＝手段＝能力の把握に基づいた、四つの機会平等をも組み込む平等の機会化が確立すれば、その意義は計り知れないものがあると言える。*

* 機会＝手段＝能力の平等を実現する社会保障には膨大な資金が必要で、強度の累進課税によって私的所有権などの市民権的自由の一部を制限することなしには、こうした機会の平等化が成立せず、この制限が自由を侵すといった批判もたしかにありうる。だが、市民権的自由の一部の制限抜きに社会権はなく、しかもこのことは常識的にもある程度は受容されており、ことさらに自由侵害などと言うべきものではない。

⑲平等の責任概念化

以上で平等の機会化についての話を終えて、五つ目の基本的枠組みである平等の責任概念化に移る。これは、近年「運－平等主義」とも言われているが、最も抽象的には、個人責任のない運で決まることはすべて、公的な配分機関による平等補償の対象とするが、自ら自由に選択した個人責任内のことは公的な平等保障をしない、という平等論である。

すなわち「運－平等主義」は、一方では、個人が選択できない環境または運——生まれや血縁など、またある種の能力も——がもたらす不平等（非同一）な事柄については、個人に責任はなく、これら環境（運）がかかわる事柄については、一定の水準で同一（平等）にすべきで、そのために国家などは、制度改革や社会保障措置などの方策をとらねばならない、とする。それは、国家などの環境しだいの(2)－①市民権や(2)－④経済権による財力などから(2)－⑤能力にまで至る平等客体を、個々人にふさわしいように同一または非同一に補償して平等を実現することを意味する。

他方、個々人の自由な自己選択——同額の収入の相当額を真に自由に、一方は貯蓄し他方は散財するなど——がもたらす不平等な事柄については、配分機関による個々人への補償は必要ないとする。そうした補償はしていなくとも平等補償は、環境（運）にかかわってすでになされているため、平等の責任概念化（「運－平等主義」）は平等を侵すことにはならない、とするのである。そして平等の機会化と並んで平等の責任概念化は、個人の選択の自由やリベラリズムの言う善の個人性を重視する平等論、つまり通常の言い方では自由論と両立する平等論になる、とされる。

こうした個人の自己責任の有無を基準とする平等論も、かなり大きな議論である。たとえばレーマーは、この平等論について、現代の平等論の二つの屋台骨の一つだとまで言い、次のように述べる。「平等指標が何であるべきかが、現代の平等主義的理論における論争の第一の懸案であるなら、第二の懸案は、個人の制御能力を超えた環境が引き起こす個人の行為と、個人責任のある個人の行為との区別にある」*（竹内、一九九九［一九〇－一九一］）。

＊　本書では、レーマーの言う第一の懸案が平等〔客体〕の平準化論にあたり、第二の懸案が平等の責任概念化に該当する。だが、現代の平等論をこの二つの指標（基本的枠組み）だけで整理するレーマーの把握は、今後の平等主義の進展を考えると狭すぎ、新自由主義による不平等が横行する現実への理論的対応という点でも不十分だと思われる。

この第二の点に関してレーマー自身は、「社会は、人々に人々の制御能力を超えた原因がもたらす悲惨な結果に対しては補償すべきだ」（同上［一九一］）と言うが、ここで留意すべきは、個人の自己責任の有無の基準が「個人の制御能力」という能力それ自体に求められる点である。それは、本書での平等の様態化にも通じる議論であり、「環境・才能」については「自己責任なし」とし、「人格・意思」は「自己責任あり」と区分するドゥオーキンの把握とも共通するもので、「環境・才能」によって生じる格差・不平等への補塡を含むものでもある（一七六－一七八頁）。

⒇自己責任と運と選択

〈有利さへのアクセスの平等〉を唱えたコーエンは、『倫理学』誌上の論文「平等主義的正義の流通について」（未邦訳）で、「不利な〈有利でない〉当事者に自己責任があるか否かの一連の問いが不利の基準」だと言う。つまりは、平等補償をするか否かの基準を自己責任がないかあるかに求める。また〈有利さへのアクセス〉＝〈不利解消へのアクセス〉について個人の自己責任はないとして、それに対する補償の有無を自らの平等論の基準だとする。そして個人の自己責任の存否については、「選択／運という切り口を受け入れることを考えるべき」（竹内、二〇〇四［一二九］）と明言し、自己責任の存否と選択／運の問題とを重ねて、個人が選択したもの＝自己責任あり＝平等への補償なし、運によるもの＝自己責任なし＝平等への補償ありとする。ゆえに平等の責任概念化の別名は、「運－平等主義」なのである。

加えてコーエンが、〈有利さへのアクセス〉はアーナソンの〈福祉への機会〉よりも広い概念と主張する点も、平等の責任概念化の深化を示唆していて興味深い。コーエンによれば、〈福祉（welfare）〉は社会保障や選好の充足にとどまるもので、人間生活全般からすれば狭い範囲のものでしかない。これに対して〈有利さ（advantage）〉は、生活全般についてアーナソンの言う〈福祉〉はもとより、個人が自己責任のとれない「すべて」を包含できるのであり、この〈有利さ⇕不利〉の把握こそが、「本人が責任をとれないもので、その自発性に反する不利を除去することを目的とする平等主義の正しい解釈」に至ると言う（竹内、一九九九［二〇〇－二〇一］）。

しかも〈アクセス〉は、〈有利さ＝不利の除去〉を実際に得るための、さまざまな客観的諸条件すべてに加えて能力も含むものであり、〈アクセスの平等〉は能力の欠如への補塡も含むのである。この点についてはレーマーも、アーナソンの〈機会〉と比べて「〔コーエンの〕『アクセス』はある意味で『機会』が排除する個人の諸能力をも含むと考える」（同上［二〇〇］）と指摘している。*

* もっともアーナソンは、自らの〈機会〉概念は能力概念をも含むと言うはずである（一八七頁）。

以上からしてコーエンの〈有利さへのアクセスの平等〉は、ロールズ以来の現代平等論の真髄、つまり〈社会的基本財の平等〉〈資源の平等〉〈基本的潜在能力の平等〉〈福祉への機会の平等〉など「すべて」を含んだ現代平等論の象徴だと言えよう（もっとも新現代平等論からすれば、この「すべて」には、さらに伝統的な階級や経済に関する多くの不平等の除去も含まれねばならないが）。そしてその核心が、平等主義にとって多大な意味を持つ平等の責任概念化だという点を押さえておきたい。

⑳平等の責任概念化への非難

しかし他方で、個人の制御能力の及ばない環境（運）の結果＝個人の自己責任なし＝平等への補償あり、としつつ、個人の制御能力内の自由選択の結果＝個人の自己責任あり＝平等補償なし、とする平等の責任概念化＝「運－平等主義」への非難は大きい。たとえば米国のサミュエル・シェフラーや日本の盛山は、主に次の二点から「運－平等主義」を攻撃する*（竹内、二〇〇四［一二九－一三〇］）。

* 「運－平等主義」非難は多岐にわたるが、他の批判点に対しては、本書の平等の配分〔志向〕論や平等の関係〔志向〕論が事実上の反批判になっている。なおシェフラーの議論は『哲学と公共問題』誌上の論文

「平等主義とは何か?」(未邦訳)によるものであり、平等論自体が不活性な日本では、平等非難もが海外のものの後追いになるが、その実際の口調は、「責任の有無を同定し、それに基づいて、責任のないところあるいは等しい責任のところに平等をという基礎づけ主義は、根本的に成立しようがない」(盛山、二〇〇四［一九〇］)、といったものである。

第一に、どの範囲までが個人の自己責任なのかなど、自己責任の範囲を社会生活の中で確定することには一見意味がありそうだが、理論的にも実際にもそんな確定は不可能で机上の空論であり、社会を混乱させる議論にすぎないという非難である。

次に第二の非難。たとえ個人の自由な自己選択の結果でも、自己選択の結果という理由で平等補償の対象からはずすのは問題だ。なぜなら人間は、自らの将来を明確に見通せるわけではなく、あいまいな一時の判断に基づく自己選択には誤りがありえ、不利な状況に陥ることはある。これら一切に平等補償をしない平等の責任概念化=「運-平等主義」は理不尽だというのである。

㉒責任論は成立する

まず第一の非難について。たしかに、たとえば分業と協業の中での個人の仕事などを考えると、個人の自己責任の範囲は不明確で、その確定が難しいことはあるだろう。

しかし、個人の自己責任の範囲を決定できないなどと言えない場合が多々あることも明らかである。たとえば、戦後日本では義務教育費や社会福祉費は個人・家庭の自己責任ではないとされてきた。だからこそ、義務教育費の多くなどは累進課税に依拠する国庫負担が当然だった。主たる教育費に関する限り、高等教育が義務教育よりは自己責任に多くを依存する点も含め、教育に関する個人の自己責任の範囲は時代の条件の中で決められてきた。こうした現実に照らしてみれば、個人の自己責任の存否の決定には、たしかに難しい場合もあるが、自己責任の範囲の決定をあきらめる必要はないし、あきらめるべきではない。

加えて、個人の自己責任の確定は不可能だとする新自由主義者たちのほとんどすべてが、自己矛盾に陥っている点がある。なぜなら新自由主義者たちは、少なくとも能力や身体が個人の私的〔自己〕所有物であることを、またここから帰結する能力や身体についての個人の自己責任論——能力主義的不平等を肯定する議論——を自明視しているからである。

能力を含む身体の私的所有とその自己責任が強力に主張されていることは、次のように、日本の代表的新自由主義者＝リバタリアンの議論でも明白である。「『自分の身体は〔道徳的な意味でも〕自分のものだ』という判断は、それ以上正当化できなくても否定し難い直観だ」〔森村、二〇〇一［七四－七五］〕。この身体の自己所有論が自己責任論に直結しているのは明らかである。

このように、新自由主義者による平等の責任概念化への第一の非難——個人の自己責任は特定しがたい——は、能力の私的〔自己〕所有論から帰結する個人の自己責任論を自明視している点で、自己矛盾している。つまりは、自己責任の範囲は決定できないという説は、事実のうえでも新自由主義者の言にも反しているのである。

㉓自己責任論の弱点

第二の点については、たとえば、自ら自由に選択した不摂生な生活の結果として病を得た場合などがあろう。この病について、個人の自己選択の結果だという理由で、社会保障的な医療などを一切否定するなら、平等の責任概念化（「運─平等主義」）は、たしかに非難されることになるだろう。

不平等を自明視するシェフラーでさえも、上記のような医療の否定は理不尽だとして次のように言う。全国民対象の社会保険医療制度のない米国でも（二〇一〇年初頭現在）、メディケイドやメディエイドなどの極貧困者や貧困高齢者を対象とする社会保障的医療は、個人の自己選択による不摂生の結果の病か否かを問わず実施すべきだ、と（竹内、二〇〇四［一二九］）。

この問題については、まず個人の自由な自己選択という形式に留意すべきである。自由な自己選択とされることの中にも強制や教育の不備があり、これらによる自由の否定がありうるからである。つまり形式的には自己選択であっても、それには個人の能力が及ばず、個人の自己責任の範囲を超えることが、社会保障のない市民権的な選択の自由の場合などで多々ある点に留意すべきである。

そして何よりも、差別・抑圧の廃棄としての平等という観点が必要であろう。実際に個人の自己責任による病にしても、現にいる病者に社会保障的な医療をしなければ、それは差別・抑圧（不平等）への荷担となる。つまりこうした点では、個人の自己責任だという理由で、平等への補償をしない平等の責任概念化の議論は、平等主義の根幹からして問題なのである。

この点では平等の責任概念化は、平等主義自身——平等とは何よりも差別・抑圧としての不平等の廃棄——によって補われなければならない。それは、生命倫理学の議論では以前からある、次のような乱暴な発言に対抗するうえでも必要なことである。「日頃から健康を害するような生活をしている人々に対して社会保険等の利用が制限されることがあっても良い」(飯野、一九九一［一八五］)。

㉔自己責任論の今後へ

なおここで平等の責任概念化の議論が、じつは、常識にもなっているウェーバー的な個人の自己責任についての把握より優れている点にも留意したい。ウェーバーなどの議論は、たんにそれが個人の行為か否かで自己責任を判断する水準にとどまっている。つまり、「各人に夫々《それぞれ》自己の行為の究極の意味についてみずから責任を負うことを強いることができる」(ウェーバー、一九七九［六九］)、という点が強調されているのである。

だが平等の責任概念化の議論は個人の行為か否かではなく、個人の制御能力内か否かを見ている。そのため現象的には個人の行為でも、個人の制御能力を超えたことがもたらす行為なら、その自己責任は問われなくなる。なお、この行為と能力との区別を責任論と関連させる議論については、すでにヘーゲル『法の哲学』（一八二一年）が、「行為は……外面的な力にゆだねられる」（ヘーゲル、一九六七［三二〇］）と述べ、外的な行為は個人の能力とは直結せず、したがって個人の自己責任とも結びつかないとしていた。

これら議論に加えてさらに、通常の個人の自己責任論が不平等主義を推進する原動力でもある点を省みるべきだ。何度かふれてきた社会権を否定する市民〔権〕主義や個人還元主義や能力主義的不平等論を見ても、個人の自己責任論は、日本全体の今の不平等主義の一大根拠ですらある。これらを踏まえて、平等の責任概念化もさらに深めるためには次のような発言を熟読玩味すべきだ。

「自己責任の原則にもとづく社会——いまの日本はそこに向かって突っ走っているわけですが——を突破するためには、自己責任を果たすことで人と人との関係を抑圧的なものに変えていくことを根底からひっくり返さなくてはいけないし、そのためには、私たちが他者との関係、相手が傷ついているような関係のなかで、その傷つき易さを受けとめて、新しい関係に組み替えていく社会構想がどうしても必要だろう」（中西、二〇〇七［七七］）。

㉕平等の様態化

次に、新現代平等論の基本的枠組みの六つ目である平等の様態化に話を移したい。新たな機会平等論、つまりは平等の機会化の中心である実質的機会平等Dは、第3章で見たように、諸個人の能力という様態の一部をも機会として捉え、これの平等化を図るものだった（一三九－一四三頁）。この点では、平等の機会化はすでに平等の様態化を含み、これと一体のものだと言える。また平等の責任概念化にかかわって言えば、自己責任がないもののうちには、ある種の能力や選好なども含まれるから、事実上、平等の責任概念化も平等の様態化にリンクするものだった（二〇〇頁以下）。したがって以下では、これらを前提に議論を進めたい。

平等の様態化とは、最も抽象的には、個人の私的所有物としては個人ごとに異なる能力や選好・嗜好の充足を、それら個人ごとの差異（非同一性）にそくして平等にすることである。

先にも示したが、重度障がい者でも、周囲の優秀な援助者の助力があれば自力ではできない定時排泄が可能となり――他の人となら不可能でも――、そこに健常者と平等〔同一〕の排泄能力が成立する、ということである。またたとえば、近視や難聴などの視力障がいや聴力障がいが眼鏡や補聴器などの生産物で補塡され、そうして得た正常な視力や聴力が健常者と平等〔同一〕になることである。これら障がいなどの様態（能力や選好など）に応じた真にふさわしい補塡＝平等化を、平等の様態化と呼ぶ。

こうして平等化される様態は、すでにたんなる個人の私的所有物ではない。今少し言えば、様態を平等にするとは、他者や環境が個々人の能力などの様態を補塡することである。つまりそこでは、能力自体が他者などとの相互関係そのものである点が明白であり、共同的な能力が確認されるのである。

能力の場合、障がいや病のために能力の不全があれば、それを他者や諸環境が補って、能力不全をなくすことが能力（様態）の平等の実現となる。選好・嗜好の場合は、自らなしえない選好・嗜好の充足を、他者や諸環境の力で実現することが、選好・嗜好の充足の平等ということになる。ここには様態の共同性があるとも言える。そしてまた、すべての人についてのこの共同的な能力（様態）が、すべての人の平等をも担保するのである。

㉖様態化の区別

こうした平等の様態化の議論に対しては、個人の自己責任の有無を無視する議論だとか、個人の努力や頑張りなどにかかわる問題を無視する議論だといった非難がなされるかもしれない。

しかし平等の様態化も、様態すべてについて、その平等化を主張するわけではない。この点については、ドゥオーキンによる「環境・才能」と「人格・意思」との区分（一七六−一七七頁）や、平等の責任概念化（二〇〇−二〇九頁）が考慮されるからである。

つまり前者の「環境・才能」は、個人の自己責任のない、また個人の自由や努力を超えたものであり、後者の「人格・意思」は個人の自己責任の範囲内、自由な選択が左右するものだった。そしてここでの様態（能力や選好・嗜好の充足）のすべてが、個人責任のないものと、個人責任のあるものとに区分され、前者についてのみ、その平等化が目指されるのである。

だがさらに、平等の責任概念化への批判・非難の場合と同じく、様態を個人責任の有無で区分するのは不可能だとされ、また、能力はまだしも選好などに応じた平等化は論外という批判がなされがちである。

実際、米国の議論ではよく使われる次の例がある。

選好・嗜好の充足をも平等にしようとするとき、たとえば高価なシャンパンのドンペリでしか選好が充足されない人と、安ビールで同じ満足度の選好が充足される人がいた場合、平等の様態化に従えば一方に高価なドンペリ、他方に安ビールという配分がなされる。だがドンペリを好むのは金持ちが多く、金持ちに補償配分するのはおかしいという非難である。

この非難は、一人用救命ボートしかない場合に、親と子、健常者と病者のどちらを救うべきかといった擬似倫理問題と同じく、ほとんど無意味な話である。なぜなら、登場人物二人のみの平等問題が、またその様態の平等化問題がたとえありえたとしても、ドンペリ対安ビールという嗜好だけが様態として問題になる状況は、現実にはまずはありえないからだ。平等という問題は、人間まるごとのありようを考えるものであり、他の要素、たとえば労働能力の相違や病気・障がいの有無や家計や生活事情の違いなど、より深刻で重大な様態にかかわる平等化が同時に問われるべきだからである。

少なくともこれまで平等の様態化はほとんど機能してこなかったのだから、まずは労働能力や病気・障がいなどにかかわるより重大な様態の平等化を図るべきで、これらの問題を放置したままでのドンペリ対安ビールなどといった話は、平等主義を貶めるためにする俗論でしかない。*

＊　この点を踏まえたうえでだが、たとえドンペリ対安ビールという問題が真に浮上した場合でも、まずは労働能力やさらには社会福祉にかかわる他の平等の様態化や平等の責任概念化などのために公的支出は使われ

るべきで、高価なドンペリの位置づけは相当に低いものとなるはずである。

㉗様態（能力）の共同性は譲れない

平等の様態化の議論は、能力の共同性論にもよりながらこれによってより深められれば、能力の個人還元主義や個人責任論に基づく不平等主義に対抗できるものとなる。

ただし能力の共同性論に対する論難はもちろんある。たとえばノージックは「眼球は再配分できない」として、能力の配分や共同性を言う議論は、盲者に晴眼者の一つの眼球を配分することさえ正当化するもので、根本的誤謬だと主張する（ノージック、一九八九［三四三－三四九］）。しかし、生体を侵食する眼球の再配分のように個人の自然性を侵すことなど、能力の共同性論とは何の関係もない話である。そもそも能力の共同性論において個人の自然性（生体）は、ある種の動かしがたい大前提である。したがって眼球の移動などの「配分」が、平等の様態化や能力の共同性の下でなされることなど絶対にない。

加えれば、能力の共同性論においては、「個人の自然性と環境（社会・文化）との相互関係自体」という共同的な能力が、一定の社会環境・制度や文化装置などの存在によって、個人の私的所有物である能力として特定されるのであり、個人の私的所有物としての能力把握も明確にしている。そしてこの意味での個人の私的所有物である能力（様態）を、さらにまた道具や他者が補塡することが、平等の様態化における能力の平等化や「配分」なのである。

ちなみに本章で新現代平等論の構築を目指して、その基本的な枠組みを構想し、また能力の共同性論を通じての様態の平等化を提起するのは、現代平等論の次元では、新自由主義的で能力主義的な不平等に真には対抗できないからでもある。

たとえば現代平等論の領袖だと言われるロールズの次の言葉がある。「わたくしはまた、すべての人が正常な程度に肉体的必要と心理的能力を有しており、したがって特別の健康管理および精神的に欠陥を持った人びとをどのように扱うかという問題は生起しないという仮定にたっている。これらの難しい事例を考慮することは、正義の理論をこえた困難な問題を早計に導き入れるというだけではなく、その運命が憐憫と不安をよび起こすわれわれとは隔った人びとのことを考えざるをえなくすることによって、われわれの道徳的知覚力を混乱させる」(ロールズ、一九八四〔一一二〕)。

このようなロールズの理論は、障がい者など「弱者」を排除しており、とくに「われわれとは隔った人びと」という把握は、能力の共同性どころか共同性思想全般に背馳したきわめて問題の多い差別的なものである。付言すれば、「すべての人が正常な程度に肉体的必要と心理的能力を有し」という発言に明確なように、ロールズは能力(様態)を私的所有論にとどめる近代主義的な「弱者」排除論に陥っているのである。これが「不平等と一体化した平等」論でしかないのは明らかだろう。

繰り返すが、個人の私的所有物としての能力を、諸個人間で同一(平等)にする話が荒唐無稽であるのは自明である。これを踏まえて平等論を築くには、共同性を能力次元にまで深化させて能力の共同性論に至り、私的所有物としては格差のある能力も、共同的な能力としては平等だとする必要がある。だがロールズをはじめとして、ほとんどの場合、近代主義的な個人還元主義に囚われ、明確な能力の共同性論にまでは至っていないのである。

終　章　平等万歳！

(1)平等非難のよくある手口

本書はこれまでも、平等や平等主義に対する批判・非難を見てきたが（二頁以下、二〇四頁以下など）、理論上とか生活感覚といったこととは無関係に最も多く言われる批判・非難が、次のようなものだろう。平等や平等主義は、競争をはじめとするインセンティヴ（やる気とこれへの刺激）を否定・抑制する、あるいは低下させる。その結果、社会全般や人間生活を沈滞させ低位平準化させる、と。つまりは、社会や人間の進歩・発展にはそれらを誘うインセンティヴが必要で、そのインセンティヴのためには成果や処遇などにおける格差づけ、すなわち不平等が不可欠だとして、平等や平等主義を非難するのである。

そうした非難とそれへの応答はずっと昔からもあった。たとえばジョン・K・ガルブレイスは、二〇数年前の米国社会における支配層の平等主義非難について、「連邦所得税における限定的な平等主義」に対する支配層の「個人の努力、創意、着想をひどくそこなっている……という主張」（ガルブレイス、一九八五［一二三六八］）は間違っており問題だと述べ、こうした平等主義非難を認めなかった。

だが、同じような平等・平等主義に対する非難は、近年の新自由主義の横行によってさらに強まっている。たとえば、日本の新自由主義政策の発信源である「経済戦略会議」なども、市場原理主義を柱に、インセンティヴを低下させる平等主義を次のように非難した。戦後日本の「過度な規制・保護をベースとした行き過ぎた平等社会に決別し」なければ、「『モラル・ハザード』(生活保障があるために怠惰になったり、資源を浪費する行動)が社会全体に蔓延し、経済活力の停滞が続く」(日刊工業新聞特別取材班、一九九九[二二六])と。

しかしながら、そもそもこうした平等主義非難は、現実の社会そのものによって反駁されていると思われる。

たとえば、比較的平等主義の程度の高い北欧福祉国家諸国では、産業や学問などにおけるインセンティヴの低下とか、生産力や国民所得の低下などの事実は、あまり存在しないと言える。ガルブレイスも、「イギリスよりもいっそう平等主義的なノルウェーの資本形成率と経済成長は、第二次大戦後、非共産主義世界の最高峰のひとつである」(ガルブレイス、一九八五[一三七])、と言って、インセンティヴのための不平等不可欠論を批判してきた。

小池直人によれば、近年でも、先進福祉国家デンマークは独特の「生活形式」を発展させて脱商品化を高め、市場による社会管理を変形・調整して平等主義的な社会保障を行いつつ、高度な生産性と生活水準も維持している(小池、二〇〇五[一〇〇〜])。

もちろん、デンマークやノルウェー、さらにはスウェーデンなども、本書が目指すほどの平等主義を実現しているわけではなく、さらに近年では新自由主義・新保守主義の影響も受けている（同上［二八〇］）。しかし、だからといって、平等主義を進展させて社会保障などが充実すれば、社会を形成したり生産性を向上させたりするインセンティヴが低下するわけではない。

(2)不平等不可欠論を言うのは誰か？

しかもインセンティヴのための不平等不可欠論そのものには、次に紹介するような原理的難点があり、根本において誤りなのである（竹内、一九九九［二〇七-二〇九］）。

この点についてコーエンは、『平等な自由――人間的価値に関するターナー講義』（スティーヴン・ダーウォール編、ミシガン大学出版局、未邦訳）所収の論文「インセンティヴ、不平等、共同体」で誘拐事件を例に指摘している。たとえば、「金を払わなければ子どもは家には帰れないだろう」という言葉を考えたとき、同じ言葉でも誘拐犯のそれと、誘拐された子どもの親たちのそれとでは、まったく意味が異なる。誘拐犯の言葉としては、「……だから金を出せ！」というまさに親たちを脅迫する意味を持つ。だが親たちが「金を払わなければ子どもは家には帰れないだろう」と言うとき、たとえばそれは「……だから金を払おう」という、子どもを救うために犯人の言うことに従う、という意味になる。

すなわち、「社会や人間のまともな発展には不平等は必要だ」といった類のインセンティヴのための不平等不可欠論も、誰の発言であるかを見極めなければ、その真の意味はわからない。それが、不平等の下位の貧者たちなどから発せられたものか、あるいは不平等の上位の富者たちなどから発せられたものなのか、誰が不平等不可欠論を言うかで社会的な意味がまったく異なる点に留意すべきである。

現実には、インセンティヴのための不平等不可欠論のほとんどすべては、富者たち上位者の立場からの発言である――不平等不可欠論を強調する「経済戦略会議」なども支配者＝富者たち上位者の立場からのものだ。この場合の、「社会や人間のまともな発展には不平等は必要だ」という不平等不可欠論は、事実上、上位者（富者たち）から下位者（貧者たち）に向けての、「不平等を容認せよ、平等主義を放棄せよ、さもないと社会全体が停滞する」、という脅迫発言なのである。

あるいは貧者たちがインセンティヴのための不平等不可欠論を言うとしても、それは多くの場合、貧者自身の現実から発せられたものではない。それは、自らも富者になれるかのような思い込みの中での、その意味ではやはり富者たちの立場の発言なのである。そうでなければ、自らがおかれた貧困状態が受けとめられない中で、それでも自らを守ろうとする追いつめられた状態からの発言――これも自己責任論にからめとられたものでしかないが――だろう。

この点に関してガルブレイスも、「金銭的な刺激が不十分だから最善の努力を尽くさないのだと自認する実業家は多くあるまい」（ガルブレイス、一九八五［一二六］）と簡単にあしらうように、実際、所得税の累進課税率が上昇しても、上位者（富者）は、生産や仕事ができなくなったりその意欲を失うわけではなく、ましてやそれで不平等で差別的な状況下におかれるわけでもない。

しかも平等主義を志向する精神が、上位者（富者）たちの中に育ってくれば、インセンティヴのための不平等不可欠論を言いつのる富者たちも減るだろう。そうなればさらに、不平等を否定して平等を目指すイニシアティヴ――たとえば、富者が高い累進化税率を真に受容することなど――こそが社会や生産に貢献する、という平等主義的なイニシアティヴ論も出てくる。

この種のイニシアティヴは、たとえば五〇年間知的障がい者の雇用を続け、障害者雇用率が現在七〇％にも及ぶ日本理化工業などで現に見られる。この会社では、働くことの意味を障がい者から真剣に学ぶ姿勢を持ち、対等平等な労働者として障がい者を位置づけるとともに、健常者社員一人ひとりに「弱者」が排除されない社会づくりに貢献している自負が育つ組織のあり方を確立しているが、そこにある平等主義的イニシアティヴがまた、全国のチョーク生産市場シェアの三〇％を占める会社を可能にしているのである*（坂本、二〇〇八［四四－七一］）。

＊ もちろんそこには、たとえば秤や時計の数字の読めない障がい者には、必要分量分の色つきおもりや砂時計を用意するなど、個人に合わせて作業工程や機械や部品を変えるさまざまな工夫を、さらにはコミュニケーションのあり方などにも斬新な工夫をする努力がなされている（同上）。

こうした現実からしても、現にある格差・不平等を前にしたとき我々は、不平等不可欠論などに左右されることなく、平等主義にのっとった社会を構想することこそを重視すべきだろう。

⑶平等と自由との対立ではない

本書では、これまで一貫して平等や平等主義を強調し、そのための新現代平等論を展望してきたが、これに対しては、それほどに平等を賞揚することは自由の弱体化に繋がる、という批判が当然なされることだろう。もちろん自由弱体化論は、これまでも平等主義非難の常套句であった。

たしかに本書はそもそも平等を主題としているので、意図的に自由についてはあまり言及してこなかったが、第2章で述べた権利論でもある平等客体論の多くは、事実上、自由の拡大論でもあったし、そのような万人にとっての自由の平等を当然のことと考えてきた。

繰り返すが、もちろん⑵−③社会権に基づく平等な自由を潤沢に実現するには、生存権を保障する生活保護費などの財源確保のために、富者などの私的所有権の一部を制限して高度な累進課税を実施しなければならない。また、労使交渉の際の団体交渉権などの労働権（社会権）の実現には、市場秩序での個人対個人の契約の自由——資本側が望む労働者個人と経営側との自由な契約*——の制限は必要である。つまり社会権に基づく平等な自由を目指すには、⑵−①市民権に含まれる自由の一部を制限することが不可欠なのである。したがってそもそも、社会における自由のすべてが——自然法則による自然必然性から自由になる、というありえない自由の話は除いても——、何の軋轢もなく実現可能だなどと言うことはできないのである。

* 「自由な契約」は、能力主義的な賃金交渉などで行われてはいるが、「自由な契約」が全面化すれば、労使

交渉での労働側からの交渉の申し入れなどが、資本側に「自由に」拒絶され、団体交渉権や団結権の脆弱化・否定に繋がることを肝に銘じるべきである。実際、新自由主義的な規制緩和の影響もあり、事実上、「自由な契約」が蔓延しだし、これが労組の弱体化も手伝って、非正規雇用の増大や格差拡大などに接続しているのである。

だが以上のことは、自由相互の間に生じる競合の問題であり、けっして自由と平等との軋轢の問題ではない。そうした自由相互の軋轢については、たとえば公共の福祉（多くの人の自由に繋がる話）のために特定の諸個人の自由を制限することをはじめとして、実際に多く見られ、また当然それへの対応がなされている。こうした自由相互の競合にことさら自由と平等との対立構図をあてはめようとすること自体にも、現代における反平等主義、さらには不平等を推進する新自由主義の根深さが現れているように思われる。

(4) 狭い平等と広い平等との対立

レイは『平等論』で次のように言う。「市場自由主義者は、反平等主義者だというより、狭い平等主義者である。フリードマン、ロスバート、ノージックらは平等に反対しない。というのは、彼らの主張のまさに核心が、形式的な財産権や一定の市民的・政治的権利の、普遍的な（つまり平等な）配分だからである。だが彼らは、この領域の狭い限界を超えて平等を拡大することに反対する。これに対して左派のイデオロギーは、その他の点ではいかに分岐していても、そのすべてが平等の適用領域を拡大しようとする。

つまりあらゆる形態のマルクス主義思想は、狭い平等に抵抗する。したがってマルクスとその後継者たちが議論するのは、狭い平等によって弱者が強者の犠牲になっている点であり、強者は蓄積や搾取などの不平等を隠し正当化するために平等の形態を使っている、という点である」(竹内、一九九九〔四五〕)。

まさにこの指摘のとおり、新自由主義とマルクス派ら反新自由主義との対立、つまりは昔から続く不平等主義と平等主義との対立は、じつは平等の狭広をめぐる対立なのである。それは俗論の言うような、新自由主義が自由を擁護し、平等主義が自由を毀損するといった対立ではない。レイも言ったように、「中心的なイデオロギー的対立を、『平等』対『自由』の闘いと解釈するのは完全な誤りである。それはむしろ広い平等と狭い平等との対立である」(同上〔四五〕)。さらに言えば、狭く少ない人たちのための自由と、より広い多くの人のための自由との対立なのである。

新自由主義はたしかに自由を強調しているように見える。だがそれは、せいぜい市民的権利の自由——また市場秩序の中での、また市場価値が大前提の狭い自由——とその平等でしかなく、この自由は(2)-③社会権や能力問題などを無視した「狭い平等」の中での狭い自由にすぎない。この狭い自由は、たとえば、経済的事情で実際には(2)-①市民権や市場での自由を行使できない人々を差別したままの自由でしかなく、この点で不平等を正当化する自由である。

これに対して、「マルクスの後継者」でもある反新自由主義(平等主義)は、社会権の平等を含む「広い平等」と広い自由を主張する。そこには当然にも、新自由主義が言う「狭い平等」の中にある自由も含まれるため、平等主義はけっして自由に反対しているわけではない。

それどころか平等主義の言う「広い平等」は、たとえば社会権的な平等補償が伴うことにより現実的に発揮されうる市民権の自由の平等とその拡大を保障しようとするものなのである。つまり平等主義は実際には、市民権とその自由についても、新自由主義以上に広く豊かな内容を主張しているのである。

ドゥオーキンの以下の文章は、以上の議論のきわめて巧みなまとめとなっていると言えよう。「自由というものは、しばしばそう考えられているように平等と潜在的に衝突する可能性のある独立した政治的理念ではなく平等の一側面となる」（ドゥオーキン、二〇〇二［二六九］）。

話は変わるが、私が卒業した大学で今も謳い継がれている寮歌の一つに、治安維持法のために左翼思想を持つ学生として検挙された大先輩の依光良馨が獄中で作詞したものがある（「紫紺の闇」）。それは、天皇制ファシズム国家日本の暴政を非難し、その瓦解の動きと自由な戦後への希求を謳っていた。そして「オリオンゆれて鶏鳴きぬ*」、「自由の砦自治の城」と謳いつつ、「自由は死もて守るべし」で締めくくられる歌詞は、戦前ファシズム体制に直接抗議する寮歌であった。

＊　天皇制ファシズムが瓦解する様を「オリオンゆれて」に、解放を求める庶民の声や思想・学問の自由への声を「鶏鳴きぬ」に仮託していると言われてきた。

私自身はこのような寮歌を誇りに思うし、自由の貴重さと尊厳を捉えた詩は高く評価したいと思っている。また、自らの死をもっての抗議により自由を擁護することの意義もわかるつもりである。

だが、多くが死ねば自由を含めて何も守ることができなくなってゆくのだから、本来は人を死なせない自由擁護の戦略が必要なはずである。その戦略においては、自由権や政治的権利を含む市民権の擁護が、すべての人の生存権などの社会権（死なせない権利）の擁護という平等主義と一体であるはずである。少なくとも、戦前の市民権や社会権が形式的にさえ整えられていなかった状況やファシズム時代を経て、それらを克服したはずの現代においては、そうあるべきだろう。

⑸不平等のブーメラン効果

自由についてレーニンがマルクスの教えだとした、「他民族を抑圧する民族は自由ではありえない」（レーニン、一九五七［一九九］）という言葉がある。不自由の「輸出」はブーメラン的に「輸出国」に返ってくる、ということであるが、これらを平等についてあてはめれば、「他民族を不平等にする民族は平等になれない」、さらには「他者を不平等にする者は自らも不平等に陥り、差別される」、となるだろう。

自らの狭い周辺が自由で平等に見えたとしても、そうした自由や平等がもし（現実はそのほうが多いが）、他国・他民族・他者などを差別・抑圧して成り立っているのなら、どうだろう。そうした自由や平等――もっとも、この時点で、他国などを差別・抑圧していればそこには本当の平等はないが――を実現したとしても、それに伴う不自由や不平等は、ブーメランのように必ず自らに返ってくる。

「顕著な平和主義、国際主義、反帝国主義の主張」者であるホブハウスも（吉崎、二〇〇三［九三］）、二〇世紀初頭にすでにその著『自由主義』でこのブーメラン効果問題を指摘して、真の自由と平等との一体性をみごとに描いた。「よきものとしての自由とは、他者を犠牲にして得られたある一人の自由ではなく、ともに暮らすすべての人びとによって享受されうる自由である」（ホブハウス、二〇一〇〔七〇〕）。

他者の差別・抑圧のうえに成り立っている自由や平等は、すでにその名に値しないものになっており、真の自由や平等ではない。とくに平等はそうだと言える。

⑹平等は同一性かつ非同一性（差異性）

これまで何度か言及した『平等論』においてレイは、平等概念が厳密にはじつに七二〇通りにも分類されることを示している（詳しくは竹内、二〇〇一を参照。なお、第3、4章を中心に本書全体の構想、とくに新現代平等の六つの基本的枠組みを考える際には、この七二〇通りの平等概念をかなりの程度参考にしている）。

ここに到達することができたのは、彼が、平等を徹底して厳密に同一性概念の下で把握し続け、平等＝同一性を本当に徹底しつくしたからである。しかしそうした強固な平等＝同一性論を維持し続けたため、彼の議論には大きな弊害が伴った。それはどういうことか？

レイは、もし平等が真に完全に実現したラディカルな「平等社会」――彼は「社会E」と名づける――ができ上がれば、それは次のような問題ある社会になってしまう、と言うのである。「単一の社会階層」からなり、「単一の決定による単一配分」が行われ、「すべてのグッズが完全平等分割され」、「人間自身の画一性」が前提となる。「二者択一的な二分法的思考」が支配し、相対的平等は真の平等ではないとされてしまい「絶対的同一性としての絶対的平等」しか認めない単純な社会になる、と（竹内、二〇〇一［三四〇］）。

つまりレイに従えば、強固な平等＝同一性論を維持し続けて現出する、ラディカルな「絶対的平等」や「平等社会」は、じつに抑圧的で非人間的な社会になるだけで、平等は唾棄すべき、また軽蔑すべきものになってしまうのである。

だがレイのラディカルな「絶対的平等」が、唾棄すべき非人間的なものになるのは、レイが平等を同一性としてのみ捉え続けるからである。差別・抑圧・格差の真の克服が平等であり、これらを目指すことこそが平等主義であるという本書の立場からすれば、繰り返し述べたように、平等は同一性であると同時に非同一性（差異性）でもある。そうであれば既述のように、自由とその拡大と一体の平等主義が当然のこととなり、「絶対的同一性としての絶対的平等」の支配するおかしな「平等社会」などを思い煩う必要はなくなる。

(7)平等を飼い馴らすこと

もっとも、同一性かつ非同一性（差異性）でもある平等、したがってまた自由と一体の平等を重視する本書の平等主義もまた、非常にラディカルな（根源的な）ものである。そうしたラディカルな平等主義においては、「絶対的同一性としての絶対的平等」の場合と同じではないものの、レイも言う次のようなことが生じるだろう。「ラディカルな平等は、社会の既存の構造や複雑性に真っ向から歯向かう」（竹内、二〇〇一［三四〇］）。

もちろん平等主義が、このように既存の社会に歯向かい正面衝突すること自体も、大いに意義あることである。たとえばバブーフらのラディカルな平等論が、「人類の間には年齢、性別以外の差別はあってはならない」（リース、一九七五［一五］）と主張して、フランス革命時の社会に真っ向から対立したことも、この主張自体の誤りとは別に、歴史的意義があった。なぜなら、差別・抑圧の克服を志向し平等主義を世に広めるうえでは――とくに後世への平等主義の伝導という点で――大きな意味を持ったからである。

しかし、既存の社会に真っ向から歯向かい、正面衝突を繰り返しているだけでは、真の平等な社会、真の平等な制度、真の平等な配分などに向かって平等主義を実現していくことには、なかなか至らないだろう。そこで平等主義を少しでも着実に実現していくためには、レイに従えば、「平等を飼い馴らすこと（the taming of equality）」（竹内、一九九九［三四二］）が、ある程度は必要になると思われる。レイの言う「平等を飼い馴らす」とは、次のようなことである。

ラディカルな平等主義だけでは、既存の不平等が蔓延する社会と正面衝突を繰り返すしかない。したがって平等の実現を目指すために、平等主義のラディカルさを減じまた平等の価値を落として、ラディカルな平等主義を不平等な現実世界でも実践でき、また不平等な世間にも通用するほどの「おとなしい

(tame)」ものにある程度はせざるをえない、これが「平等を飼い馴らすこと」である。ラディカルなまだとほとんど実現しない平等を少しでも実現するために、いわば不平等な世間と妥協し世間に馴らすことが、「平等を飼い馴らすこと」なのである。

この点は、既存の人間社会で実現してきた平等が、伝統的平等論においては、じつは「不平等と一体の平等」でしかなかったことを裏面から言いあててもいる。たとえば(1)−②人種・民族にかかわらず平等を実現しても、(1)−⑦能力にかかわらず平等は実現しないままである。(2)−①市民権の平等の多くは実現しても、(2)−③社会権の平等が市民権ほどには実現していないことにも、「平等の飼い馴らし」があてはまるのである。

したがって、現代の「先進国」社会で「平等を飼い馴らす」とは、じつは歴史上もあった「不平等と一体の平等」を今後も認めざるをえない、ということでもある。

もっとも「平等の飼い馴らし」の中でも、あるいは「平等の飼い馴らし」の中にあったからこそ、能力にかかわらず平等も社会権の平等も少しは実現してきた、と言える。たしかに、本書で示したラディカルな平等主義全般が、そうは簡単に実現しないのが既存の人間社会であり現実である。そこで、若干でも平等の実現の程度を高めるために、「平等を飼い馴らす」課題が生じる。この課題は、不平等の現状や不平等な現実社会とある程度は妥協しつつも、またたとえ不完全でたんなる相対的平等にとどまっても、平等の一定の着実な実現には繋がる。現実との妥協という点では、たしかに大問題ではあるのだが、現実社会での平等のよりいっそうの実現には繋がるのである。

第4章で見た平等の配分志向および平等の関係志向以下の六つの新現代平等論の基本的枠組み全体は、たしかに、不平等に満ちた現状から判断すれば、非常にラディカルな（根源的な）ものである。とくに、能力の共同性とリンクした平等の機会化と平等の様態化はそうだろう。しかし「平等を飼い馴らす」経験を生かせば、それら能力の共同性とリンクし、平等の機会化と平等の様態化を核とした新現代平等論の基本的枠組みを、少しずつは実現していくことができるはずである。

もちろん、たとえばマルクスのフランス革命評価の論理――ラディカルなジャコバン派やコミュニズム派があってこそ、国民会議派やジロンド派のある種の穏当な民主主義的主張も実現したという評価（マルクス、一九六八B〔一二八－一二九〕）――と同じく、ラディカルな平等主義があってこそ、「平等の飼い馴らし」もありうるという点は、忘れられてはならない。現状の世界・日本を省みれば、ともかくも差別・抑圧の批判・克服に向かうために、ラディカルな平等主義のより大きな、しかも現実的な展開が必要であることは間違いないのである。最後に、この言葉で本書を締めくくりたい。

平等万歳!!

参考文献表

阿部照哉・野中俊彦『平等の権利』法律文化社、一九八四年
アリストテレス／加藤真朗訳『ニコマコス倫理学』(『アリストテレス全集』第一三巻)岩波書店、一九七三年
飯野靖四「医療資源の有効利用について」日本生命倫理学会編『生命の倫理を問う』成文堂、一九九一年
市野川容考「社会的なものの概念と生命」『思想』第九〇八号、岩波書店、二〇〇〇年
ウェーバー、M／尾高邦雄訳『職業としての学問』岩波文庫、一九七九年
ヴェルナー、G・M／渡辺一男訳『すべての人にベーシック・インカムを』現代書館、二〇〇九年
ウォルツァー、M／山口晃訳『正義の領分』而立書房、一九九九年
エンゲルス、F／村田陽一訳「反デューリング論」『マルクス・エンゲルス全集』第二〇巻、大月書店、一九六八年
大杉栄「自我の棄脱」『ザ・大杉栄』第三書館、一九八六年
金子勝『市場と制度の政治経済学』東京大学出版会、一九九七年
ガルブレイス、J・K／鈴木哲太郎訳『ゆたかな社会』(第四版)、岩波書店、一九八五年
川本隆史『ロールズ　正義の原理』講談社、一九九七年
カント、I／尾渡達雄訳「教育学」『カント全集』第一六巻、理想社、一九六六年
熊沢誠「『格差社会』の若者と女性」女性労働問題研究会編『女性労働研究』第五一号、青木書店、二〇〇七年
経済審議会『経済審議会答申――経済社会のあるべき姿と経済新生の政策方針』(http://www5.cao/go/jp/99/e/19990705e-keishin.html) 一九九九年

小池直人『改訂版　デンマークを探る』風媒社、二〇〇五年
コーエン、G・A／松井暁・中村宗之訳『自己所有権・自由・平等』青木書店、二〇〇五年
国際障害者年『国連・海外関係資料集』全国社会福祉協議会、一九八三年
後藤道夫『戦後思想ヘゲモニーの終焉と新福祉国家構想』旬報社、二〇〇六年
後藤道夫・吉崎祥司・竹内章郎・中西新太郎・渡辺憲正『格差社会とたたかう――〈努力・チャンス・自立〉論批判』青木書店、二〇〇七年
斎藤貴男『機会不平等』文藝春秋、二〇〇〇年
坂本光司『日本でいちばん大切にしたい会社』あさ出版、二〇〇八年
佐藤俊樹『不平等社会日本――さよなら総中流』中央公論新社、二〇〇〇年
柴田三千雄『バブーフの陰謀』岩波書店、一九六八年
スミス、T／藤原孝訳者代表『権利の限界と政治的自由』サンワ・コーポレーション、一九九七年
盛山和夫「階層システムの公共哲学に向けて」高坂憲次編『日本の階層システム　六　階層社会から新しい市民社会へ』東京大学出版会、二〇〇〇年
盛山和夫「福祉にとっての平等理論」塩野谷祐一・鈴村興太郎・後藤玲子編『福祉の公共哲学』東京大学出版会、二〇〇四年
関廣野『プラトンと資本主義』北斗出版、一九八二年
セン、A／鈴村興太郎訳『福祉の経済学』岩波書店、一九八八年
セン、A／大庭健・川本隆史訳『合理的な愚か者』勁草書房、一九八九年
セン、A／川本隆史訳「社会的コミットメントとしての自由」『みすず』第三五八号、みすず書房、一九九一

年
センメル、Ｂ／野口建彦・野口照子訳『社会帝国主義史』みすず書房、一九八二年
平子友長「カント『永遠平和のために』のアクチュアリティ」東京唯物論研究会編『唯物論』第七九号、二〇〇五年
高柳信一「近代国家における基本的人権」東京大学社会科学研究所編『基本的人権　一　総論』東京大学出版会、一九六八年
竹内章郎『「弱者」の哲学』大月書店、一九九三年
竹内章郎『現代平等論ガイド』青木書店、一九九九年
竹内章郎『平等論哲学への道程』青木書店、二〇〇一年
竹内章郎「平等・平等主義の必要性」高橋久一郎編『応用倫理学講義　七　問い』岩波書店、二〇〇四年
竹内章郎「現代の優生学的不平等を克服するために」唯物論研究協会編『唯物論研究年誌』第一〇号、青木書店、二〇〇五年ａ
竹内章郎『いのちの平等論――現代の優生思想に抗して』岩波書店、二〇〇五年ｂ
竹内章郎「格差・差別・不平等――人権論再興へのある現在的視点」（上・下）『賃金と社会保障』第一四一七・一四一八号、旬報社、二〇〇六年
竹内章郎「『機会の平等』とは何か――そのイデオロギーと現実」後藤道夫・吉崎祥司・竹内章郎・中西新太郎・渡辺憲正『格差社会とたたかう――〈努力・チャンス・自立〉論批判』青木書店、二〇〇七年
竹中平蔵「格差批判に答える――日本人よ『格差』を恐れるな」『文藝春秋』二〇〇六年五月号
テイラー、Ｃ／田中智彦訳「アトミズム」『現代思想』第二二巻五号、青土社、一九九四年

ドゥオーキン、R／小林公・大江洋・高橋秀治・高橋文彦訳『平等とは何か』木鐸社、二〇〇二年
トクヴィル、A／井伊玄太郎訳『アメリカの民主政治』（上）講談社学術文庫、一九八七年
トロンブレイ、S／藤田真利子訳『優生思想の歴史――生殖への権利』明石書店、二〇〇〇年
中嶋英理「海野幸徳の人種改造論と社会事業学論をめぐる『優生学の限界説』の誤り――優生思想と社会福祉の関連」唯物論研究協会編『唯物論研究年誌』第一三号、青木書店、二〇〇八年
中西新太郎『〈生きにくさ〉の根はどこにあるのか――格差社会と若者のいま』NPO前夜、二〇〇七年
成瀬治『近代市民社会の成立』東京大学出版会、一九八四年
日刊工業新聞特別取材班『経済戦略会議報告』日刊工業新聞社、一九九九年
日本経済団体連合会『活力と魅力溢れる日本をめざして』日本経団連出版、二〇〇三年
沼田稲次郎『社会的人権の思想』日本放送出版協会、一九八〇年
ノージック、R／島津格訳『アナーキー・国家・ユートピア』（上）木鐸社、一九八五年
ノージック、R／島津格訳『アナーキー・国家・ユートピア』（下）木鐸社、一九八九年
ハイエク、F・A／西山千明監訳『自由の条件』『ハイエク全集』五・六・七巻、春秋社、一九八六―八七年a
ハイエク、F・A／西山千明監訳『法と自由と立法』『ハイエク全集』八・九・一〇巻、春秋社、一九八六―八七年b
ハーバーマス、J／丸山高司・丸山徳次・厚東洋輔・森田数実・馬場浮瑳江・脇圭平訳『コミュニケイション的行為の理論』（下）、未来社、一九八七年
ハーバーマス、J／河上倫逸・耳野健二訳『事実性と妥当性』（上）未来社、二〇〇二年

ハーバーマス、J／河上倫逸・耳野健二訳『事実性と妥当性』（下）未来社、二〇〇三年
浜田寿美男編著『「私」というもののなりたち』ミネルヴァ書房、一九九二年
ピアソン、C／田中浩・神谷直樹訳『曲がり角にきた福祉国家』未来社、一九九六年
福沢諭吉『福沢諭吉全集』第六巻、岩波書店、一九五九年
福沢諭吉『学問のすゝめ』岩波文庫、一九七八年
プラトン／藤沢令夫訳『国家』岩波文庫、一九七九年
フリードマン、M／熊谷尚夫・西山千明・白井孝昌訳『資本主義と自由』マグロウヒル好学社、一九七五年
『ヘーゲル全集』第二巻「一八〇一から七年のイエナ草稿」ズールカンプ出版社（*G. W. F. Hegel; Werke in zwanzig Bänden*, Bd. 2, Jenaer Schriften 1801-1807, Suhrkamp Verlag, 1970）
ヘーゲル、G・W・F／藤野渉・赤澤正敏訳「法の哲学」『世界の名著　三五　ヘーゲル』中央公論社、一九六七年
ベルンシュタイン、E／佐瀬昌盛訳『社会主義の諸前提と社会民主党の任務』ダイヤモンド社、一九七四年
ホブハウス、L・T／吉崎祥司監訳・社会的自由主義研究会訳『自由主義――福祉国家への思想的転換』大月書店、二〇一〇年
ホッブズ、T／永井道雄訳「リヴァイアサン」『世界の名著　二三　ホッブズ』中央公論社、一九七一年
毎日新聞社会部取材班『福祉を食う――虐待される障害者たち』毎日新聞社、一九九八年
マーシャル、T・H／岩崎信彦・中村健吾訳「シティズンシップと社会的階級（一九五〇）」『シティズンシップと社会的階級』法律文化社、一九九三年
マルクス、K／大内兵衛・細川嘉六監訳『資本論』第一巻一分冊、大月書店、一九六二年

マルクス、Kほか／真下真一・藤野渉・竹内良知訳「ドイツ・イデオロギー」『マルクス・エンゲルス全集』第三巻、大月書店、一九六三年
マルクス、K／山辺健太郎訳「ゴータ綱領批判」『マルクス・エンゲルス全集』第一九巻、大月書店、一九六八年a
マルクス、K／村田陽一訳「ルイ・ボナパルトのブリュメール一八日」『マルクス・エンゲルス全集』第八巻、大月書店、一九六八年b
マルクス、K／藤野渉訳『経済学・哲学手稿』国民文庫版、大月書店、一九七五（第二一版）年
丸山眞男「日本の思想」『丸山眞男集』第七巻、岩波書店、一九九六年
マンハイム、K／杉之原壽一・長谷川善計訳「変革期における人間と社会」『マンハイム全集』第五巻、潮出版社、一九七八年
ミーゼス、L／村田念雄訳『ヒューマン・アクション』春秋社、一九九一年
宮沢俊義『日本国憲法』日本評論社、一九六二年
三好春樹『生活リハビリとはなにか』筒井書房、一九八九年（三好氏には、映像も含め膨大な、また最近の優れた業績もあるが、ここでは一九八〇年代の業績の一つをあげた）
ミル、J・S／早坂忠訳「自由論」『世界の名著　三八　ベンサム、J・S・ミル』中央公論社、一九七九年
モア、T／沢田昭夫訳『ユートピア』中公文庫、一九七八年
森村進『自由はどこまで可能か――リバタリアニズム入門』講談社現代新書、二〇〇一年
山田昌弘『希望格差社会』筑摩書房、二〇〇四年
吉崎祥司「ホブハウス『自由主義』における「社会的自由」の全体構想」『北海道教育大学紀要（人文科学・

社会科学編)』五三巻二号、二〇〇三年（私のホブハウス理解は吉崎氏に依拠しているため、ホブハウス『自由主義』の引用に際しても、この吉崎論文に依拠するところは大きい）
リース、J／半澤孝麿訳『平等』福村出版、一九七五年
レーニン、V・I／マルクス＝レーニン主義研究所訳「平和の問題」『レーニン全集』第二一巻、大月書店、一九五七年
ルソー／桑原武夫・前川貞次郎訳『社会契約論』岩波文庫、一九五四年
ルソー／本田喜代治・平岡昇訳『人間不平等起源論』岩波文庫、一九五七年
ルソー／今野一雄訳『エミール』（上）岩波文庫、一九六二年
ルソー／今野一雄訳『エミール』（下）岩波文庫、一九六四年
ロック、J／伊藤宏之訳『統治論』柏書房、一九九七年
ロールズ、J／矢島釣次監訳『正義論』紀伊國屋書店、一九七九年
ロールズ、J／藤原保信訳「秩序ある社会」岩波書店編集部編『現代世界の危機と未来への展望』岩波書店、一九八四年
渡辺憲正「格差社会論を読みなおす」後藤道夫・吉崎祥司・竹内章郎・中西新太郎・渡辺憲正『格差社会とたたかう——〈努力・チャンス・自立〉論批判』青木書店、二〇〇七年

Arneson, R. J., "Equality and Equal Opportunity for Welfare," *Philosophical Studies,* no. 56, 1989.
Cohen, G. A., "Self-Ownership, World-Ownership, and Equality : Part2," *Social Philosophy and Policy* 3-2, 1986.
Cohen, G. A., "On the Currency of Egalitarian Justice," *Ethice,* no. 99, 1989.

Cohen, G. A., "Incentives, Inequality, and Community," *Equal Freedom, Selected Tanner Lectures on Human Values,* ed. by S. Darwall, The University of Michigan Press, 1995.

Dorn, E., *Rules and Racial Equality,* Yale University Press, 1979.

Ewald, F., *Der Vorsorgestaat,* aus dem Französischen ins Deutche Von W. Bayer und H. Kocyba, Suhrkamp Verlag, 1993 (Titel der Originalausgabe : *L'Etat providence,* Bernad Grasset, 1986).

Fried, C., "Distributive Justice," *Social Philosophy and Policy,* no. 1 (1), 1983.

Galston, W., "Equality of Opportunity and Liberal Theory," *Justice and Equality : Here and Now,* edited by F. S. Lucash, Cornell University Press, 1986.

Nagel, T., *Equality and Partiality,* Oxford University Press, 1991.

Rae, D., *Equalities,* Harvard University Press, 1981.

Roemer, J. E., "A Pragmatic Theory of Responsibility for the Egalitarian Planner," *Philosophy and Public Affairs,* vol. 22, no. 2, 1993.

Scheffler, S., "What is Egalitarianism ?" *Philosophy and Public Affairs,* vol. 31, no. 1, 2003.

Walzer, M., "In Defense of Equality," *DISSENT,* 20 (3), Fall, 1973.

Young, I. M., *Justice and the Politics of Difference,* Princeton University, 1990.

あとがき

誰のどんな本だったのか、思い出せないが、「あとがき」について、次のような文章を読んだ記憶がある。〈「あとがき」の執筆だけを楽しみに、シンドイ思いをして必死で本を創ってきたが、本文を書き終え、楽しみにしていたはずの「あとがき」という段になってみると、何を書くかで迷ってしまう〉。

こんなことを思い出したのは、「あとがき」は、僕にとってはこれまで楽しみなどではなく、本論の内容とは違うにせよ、本論と同じく自らの意見の開陳の場だと思ってきた自分に気づいたからだ。そこで「あとがき」で自分は何を言いたかったのか？　などという、おかしな自問自答をすることになった。

まず最初の問いは、この本はいったいどんな類《たぐい》の本なのか？　である。つまり、この本は気軽に読める一般書か、やや硬い入門書か、いわゆる専門書・研究書になるのか、じつのところ気になっている。今さら何を言っているのだ、という話でもあるのだが、このことは僕自身が、正直なところ、入門書と専門書との間に何か本質的な違いがあると思っていないことにも由来する。

ちなみにこれまで、僕が書き公刊されたものについては、所属する唯物論研究協会（通称、全国唯研《ぜんこくゆいけん》）や日本社会臨床学会（通称、社臨《しゃりん》）や日本哲学会（通称、日哲《にってつ》）などが編纂した学会誌や大学紀要などに掲載された文章と、入門書的な本の文章との間に、内容的に有意な差などまったくない。多少、文章表現上の硬軟・難易などや注記の量や手法に違いがあるだけで、入門書とされようが専門書になろうが、それはたいした問題ではない。どの刊行物も未熟ではあるが、時々の僕の精一杯の作品だ。*

* とはいえ本書は、拙著『現代平等論ガイド』と『平等論哲学への道程』の焼き直しも多く、とくに前者の大幅改訂版といった趣がある。もちろん、それら拙著刊行以降に得た知見や新たな考えも織り込んでいる。

僕としては、本書に結晶したことも含めて、平等論や平等主義についてはとくに、これまでズッーとない知恵をしぼり、それなりに苦労しながら、読んでは考え、思考錯誤して新たな議論の構築に努めてきたつもりだ。日本では平等論自体が、とくに哲学や思想系の学会などでは専門的に研究・勉強すべき対象としてあまり取り上げられないので、学会や研究テーマといった次元での平等や平等主義も考え、本書を含む刊行物を企ててきた。だから、そうした学会などへの挑戦としては、本書を専門書・研究書として位置づけたい気持ちもある。本書で開陳したいくつかの議論や命題などが、そうした専門的研究の対象やテーマとしても、多くの研究者たちに捉えてもらえないかと、僭越ながらも思っている。

しかし、さらに自問自答してみると、本書が入門書か専門書か、といった一見くだらないことに僕がこだわる理由が、平等論や平等主義に関してまだあるようなのだ。それは、平等に関しては、あいもかわらず「平等な自由」や「自由の平等」を論じればよいとする俗論が、新自由主義を批判する人たちの間にすらあるからである。つまり、本書のように、ことさらに平等概念自体をかなり詳細に分類して関連づけたり、その各々の意味を確定したりすること――海外では一九七〇年代初頭のロールズ『正義論』以来、相当数の著作がある——などには、さほどの意味はない、といった見方が相当に根深くある。それがいかに、平等論や平等主義の真摯な研究・勉強の進展を阻害し、また不平等克服の営みを阻害してきたことか。本書には、そうした研究や学問の世界にも蔓延する俗論への全面的反論という意味も持たせたいと思っており、さらには今後平等に言及する研究者には、本書程度の平等論は必ず踏まえてもらいたいとも思っている。そうした点では、本書は普通の意味での入門書を超えたものでもある。

少し偉そうなことを言ったが、もちろん僕が看過した種々の平等論やこれらによる問題提起もあるはずだし、そのほかにも欠点は多々あろう。そうした点については、ぜひご批判をいただきたい。

そしてじつは、構想や執筆の過程では勉強しながら、本書ではあえてまったくふれなかった（ふれられなかった）現代平等論もある。著名論者では、デレク・パーフィットやトーマス・スキャンロン、またアラスデア・マッキンタイアやジョセフ・ラズらの議論であり、近年ではこれらを整理したマーティン・オニールの平等論などもある。それらには非常に興味深い論点も多々あるが、一見すると何か理論ゲームのような点が目立ち、現実の不平等（差別・抑圧）の克服に直ちには立ち上がれない議論だと僕は思っている。そしてこの論者たちが大前提としている目的論的平等論と義務論的平等論ということを理解するためには、目的論や義務論や両者の区分の意味をかなり考えねばならないが、そうしたことに時間をとられるなら、本書が強調してきた反差別・反抑圧としての平等論そのものには、なかなか立ち入れなくなる。

ちなみに目的論的平等論の柱は、「理由や原因が何であれ、不平等は悪い」とする点に、また義務論的平等論のそれは、「不平等は悪いのではなく不正義だ」という点に求められる（Martin O'Neil, "What Should Egalitarian Believe ?" *Philosophy and Public Affairs,* vol. 36, no. 2, 2008)。

こうした論点を重視する平等を論じるためにはさらに、英語圏と日本との文化・言語の違いにもよるが、悪いということと不正義だということとの違いは何かとか、両者の関係はどうだとか、さらにはそれら全体と不平等との関連などを明確にしなくてはならないだろう。だがそうした論じ方は、今回は断念せざるをえなかった。たしかに、現実的な新現代平等論をもっと発展させるためには、こうした理論も自家薬籠中のものとして提示しなくてはならないとは思うが、それは今後の課題としたい。

そうしたことを考えつつ「あとがき」を書こうとしていた頃に、「障害者たちの太平洋戦争」（二〇〇九年一二月六日、ＮＨＫ教育放映）というＴＶ番組で、平等という言葉を貶める発言に接した。満州事変から続く大戦前・戦中に、それまでまっとうな国民とされず差別されていた盲者や聾者や軽度の知的障がい者が、兵員不足や国民総動員体制により徴兵・軍属にとられた。番組に登場したある歴史学者は、ここに、侵略戦争のためだとはいえ障がい者も同一国民として処遇されたことを見出し、それを「平等の力学」と言い、テロップでも「平等の力学」なる言葉が流された――もっとも同時に、国民優生法（一九四〇年制定）などによる障がい者の断種など、戦争による障がい者差別にも言及していたのだが。

しかし、もし差別・抑圧の廃棄として平等を考える立場が本当に徹底していれば、戦争という最大の差別・抑圧における死（＝殺人）に直結した事態でのたんなる同一処遇――本当に「同一」だったかもじつは怪しいが――について、絶対に「平等」などと形容できないはずだ。それを「平等の力学」と表現し――しかもこの歴史学者の言動に、新自由主義への意図的荷担はないと思う――、また、おそらく的を射た表現として受けとめテロップを作成した制作者の認識を見るにつけ、平等のたんなる同一性としての把握がいかに根深く深刻なものか、今さらながらに暗澹とする思いだった。こうした平等＝同一性論が続く限り、平等思想の豊かさや平等主義の重要さは、およそ理解されないままだろう。そうであれば、平等を大切にしようとする心根は育たないし、平等や平等主義は本当の研究対象にもならない。

平等は同一性を意味する場合もあるが、たんなる同一性ではない！　まずは、ただこの一点を本当に感得するためだけでも、平等や平等主義について考えてほしい。そしてそこから、反差別・反抑圧としての平等や平等主義のいっそうの理解を深めていってほしい。多くの人たちが、そのような本書の思いを受けとめてくださるならば、本当にありがたく思う。

＊　＊　＊　＊

末尾になるが、いつものことながら、やはりこの本も「能力の共同性」の所産である。いさかい続きだが縁のあるつれあいとの間柄、心配の絶えない子どもたちとのかかわり、元気な両親や義父母の物心両面での支援、岐阜市の社会福祉法人いぶきに通う重度障がいを持つ仲間や職員たちの活動、ゼミ生・卒業生や他大学生も含む学生たちの一言、この間の学部運営で必死に頑張ってきた教員仲間の一挙手一投足、職場周辺の新自由主義的雰囲気の反面教師的意味、大垣地域での哲学勉強会に集う皆さんの発言や現場報告、ある病院の倫理委員会でのお医者さんや看護師さんたちの議論、二〇年以上も僕を鍛え続けてくれているレム研（Radical Egalitarian Memberships）に集う研究仲間の忠告、全国唯研など学会の多くの優秀な先達・同輩・後輩からの批判、それに長年の付き合いになる編集者角田三佳さんのいつもに倍する真剣で親切かつ厳しい応答、こうした人たちとの共同＝「能力の共同性」があるからこそ、こんな本でもできあがる。やや横柄な物言いの本を書いたが、多くの方々への「感謝」の気持ちは、忘れていないつもりである。

最後に。二〇〇九年八月九日に亡くなられた岩崎允胤先生は、ギリシャ・ラテンから西洋近代、日本古代に至るまで本当に学識豊かな、文字どおりの哲学の大先生だった。そんな大先生が、僕のような語学力も怪しい者の指導教官を学部・大学院を通じて引き受けて下さり、学問の初歩やヘーゲル論理学の読み方から現代思想のあり方、さらには学会活動の何たるかに至るまでさまざまご指導してくださった。この指導の場だった一橋大学の西日のあたるゼミ室で、先生に理論と実践との関係を説かれた光景などは今でも鮮明に覚えているし、言葉にならない感謝の気持ちも胸中に湧いてくる。しかし最初から最後まで字義どおり不肖の弟子で、学問的力も微々たる僕には、先生のお心を真には推察できなかったことが一杯あったように思え、それが残念極まりないこととして心に残ってもいる。そうした後悔の念の混じった感謝の気持ちとともにではあるが、またいまだ貧しい成果でしかないが、本書を岩崎先生のご霊前に捧げたい。

二〇一〇年四月初旬

竹内章郎

人名索引

ア行

アウグスティヌス（Augustine [Aurelius Augustinus Hipponensis], 354～430） 39
アクィナス，トマス（Thomas Aquinas, 1225～1274） 39
芦田均（1887～1959） 133
アーナソン，リチャード・J（Richard J. Arneson, 1945～） 63, 186, 193, 194, 198, 203, 204
阿部照哉（1927～） 87, 105
アリストテレス（Aristotle [Ἀριστοτέλης], 384BC～322BC） 33, 36, 37, 48, 108
アーレント，ハンナ（Hannah Arendt, 1906～1975） 24
飯野靖四（1941～） 208
市野川容孝（1964～） 59
ヴェイユ，シモーヌ（Simone Weil, 1909～1943） 55
ウェッブ，シドニー（Sidney Webb, 1859-1947） 60
ウェッブ，ベアトリス（Beatrice Webb, 1858-1943） 60
ウェーバー，マックス（Maximilian Carl Emil “Max” Weber, 1864～1920） 208
ウエルズ，ハーバート・G（Herbert George Wells, 1866～1946） 59
ヴェルナー，ゲッツ・W（Götz Wolfgang Werner, 1944～） 88, 126
ウォルツァー，マイケル（Michael Walzer, 1935～） 63, 79, 80, 179-182, 188
ウルストンクラフト，メアリー（Mary Wollstonecraft, 1759～1797） 47
海野幸徳（1879-1955） 61
エピクロス（Epicurus [Ἐπίκουρος], 342/341BC～271/270BC） 38
エプスタイン，リチャード・A（Richard Allen Epstein, 1943～） 15
エヴァルド，フランソワ（François Ewald, 1946～） 56, 146
エンゲルス，フリードリッヒ（Friedrich Engels, 1820～1895） 49, 58
大杉栄（1885～1923） 55, 163, 164
丘浅次郎（1886～1944） 61
オニール，マーティン（Martin O’Neill, 1975～） 243

カ行

カウツキー，カール（Karl Kautsky, 1854～1938） 58
金子勝（1952～） 20
ガルブレイス，ジョン・K（John Kenneth “Ken” Galbraith, 1908～2006） 217, 218, 220
川本隆史（1951～） 174
カント，イマニュエル（Immanuel Kant, 1724～1804） 81, 82, 150
ギャルストン，ウィリアム（William Galston, 1946～） 125-127, 129
グージュ，オランプ・ド（Olympe de Gouges, 1748～1793） 47
熊沢誠（1938～） 10
クーリッジ，カルヴィン（Calvin Coolidge, 1872～1933） 59
グリーン，トマス・H（Thomas Hill Green, 1836～1882） 54
クロポトキン，ピョートル・A（Pyotr Alexeyevich Kropotkin [Пётр Алексеевич Кропоткин], 1842～1921） 55
小池直人（1956～） 218
小泉純一郎（1942～） 2

幸徳秋水（1871～1911） 55
コーエン，ゲラルド・A（Gerald Allan "Jerry" Cohen 1941～2009） 63, 157, 159, 193, 194, 198, 202-204, 219
後藤道夫（1947～） 93, 120, 175
ゴルギアス（Gorgias［Γοργίας］, 487BC～376BC） 82
ゴールトン，フランシス（Francis Galton, 1822～1911） 59

サ行

斎藤貴男（1958～） 5
坂本光司（1947～） 221
佐藤俊樹（1963～） 5
サンガー，マーガレット・H（Margaret Higgins Sanger, 1879～1966） 61
シェフラー，サミュエル（Samuel Scheffler, 1951～） 204, 207
柴田三千雄（1926～） 14
シャルマイヤー，フリードリッヒ・W（Wilhelm Schallmayer, 1857～1919） 59
シャンド，アレクサンダー・H（Alexander Hesketh. Shand, 1921～2001） 15
シュンペーター，ヨーゼフ・A（Joseph Alois Schumpeter, 1883～1950） 58
スミス，アダム（Adam Smith, 1723～1790） 27, 189
スミス，タラ（Tara Smith, 1961～） 15, 21, 96
スパルタカス（Spartacus, 109BC～71BC） 37
盛山和夫（1948～） 6, 204, 205
関廣野（1944～） 35, 82
セン，アマルティア（Amartya Sen, 1933～） vi, 63, 66-68, 72, 97, 109, 119, 159, 194, 198, 199
センメル，バーナード（Bernard Semme, 1928～2008） 58
ソレル，ジョルジュ（Georges Sorel, 1847～1922） 55
ソロン（Solon［Σόλων］, 638BC～558BC） 34

タ行

タイラー，ワット（Walter "Wat" Tyler, 1341～1381） 40
平子友長（1950～） 45
ダーウィン，チャールズ・R（Charles Robert Darwin, 1809～1882） 59
ダーウォール，スティーブン（Stephen Darwall, 1946～） 29
タウンゼント，ピーター（Peter Townsend, 1928～2009） 57
高柳信一（1921～2004） 48
竹中平蔵（1951～） 5, 112
中条潮（1950～） 5
テイラー，チャールズ（Charles Margrave Taylor, 1931～） 149, 150
デカルト，ルネ（René Descartes, 1596～1650） 2, 41, 44
ドゥオーキン，ロナルド（Ronald Dworkin, 1931～） 63, 158, 175-180, 182, 188, 191, 194, 198, 202, 211, 225
トクヴィル，アレクシ=シャルル=アンリ・C・de（Alexis-Charles-Henri Clérel de Tocqueville, 1805～1859） 92
トーニー，リチャード・H（Richard Henry Tawney, 1880～1962） 57
トロンブレイ，スティーブン（Stephen Trombley, 1954～） 61
ドーン，エドウィン（Edwin Dorn, 生年不詳） 124

ナ行

永井潜（1876-1957） 61
中嶋英理（1974～） 61
中西新太郎（1948～） 209

成瀬治（1928～） 38, 40
沼田稲次郎（1914～1997） 98
ネーゲル，トマス（Thomas Nagel, 1937～） 187, 188
ノージック，ロバート（Robert Nozick, 1938～2002） 15, 21, 99, 127, 172, 213, 223
野中俊彦（1939～） 87, 105

ハ行

ハイエク，フリードリッヒ・A（Friedrich August von Hayek, 1899～1992） 15-17, 21, 24, 25, 27, 95, 113, 128, 129, 172
バクーニン，ミハイロ・A（Mikhail Alexandrovich Bakunin, ［Михаи́л Алекса́ндрович Баку́нин］, 1814～1876） 55
ハーバーマス，ユルゲン（Jürgen Habermas, 1929～） 183, 184, 192
バブーフ，フランソワ・N（François Noël Babeuf, 1760～1797） 13, 14, 53, 229
浜田寿美男（1947～） 161
ピアソン，カール（Karl Pearson, 1857～1936） 58
ピアソン，クリストファー（Christopher Pierson, 1956～） 92, 93
ブキャナン，ジェームズ・M（James McGill Buchanan Jr., 1919～） 15
福沢諭吉（1835～1901） 61, 62
プラトン（Plato［Πλάτων］, 428/427BC～348/347BC） 33, 35-37, 82
フリート，チャールズ（Charles Fried, 1935～） 66
フリードマン，デヴィッド（David D. Friedman, 1945～） 15
フリードマン，ミルトン（Milton Friedman, 1912～2006） 15, 95, 223
プレッツ，アルフレット（Alfred Ploetz, 1860～1940） 59
ベヴァリッジ，ウィリアム・H（William Henry Beveridge, 1879～1963） 61
ヘーゲル，ゲオルク・ヴィルヘルム・フリードリッヒ（Georg Wilhelm Friedrich Hegel, 1770～1831） 54, 69, 82, 155, 156, 185, 189, 208, 209
ヘス，モーゼス（Moses Hess, 1812～1875） 51
ベル，グラハム（Alexander Graham Bell, 1847～1922） 59
ベルンシュタイン，エドゥアルト（Eduard Bernstein, 1850～1932） 57
ボーダン，ジャン（Jean Bodin, 1529/30～1596） 41, 44
ホッブズ，トマス（Thomas Hobbes, 1588～1679） 42-44, 64, 90, 145
ホブソン，ジョン・A（John Atkinson Hobson, 1858～1940） 58
ホブハウス，レオナード・T（Leonard Trelawny Hobhouse, 1864～1929） 54, 57, 226, 227

マ行

マーシャル，トマス・H（Thomas Humphrey Marshall, 1893～1981） 56, 92, 94, 146
マルクス，カール（Karl Heinrich Marx, 1818～1883） 49-55, 90, 109, 147, 150, 224, 226, 231
丸山眞男（1914～1996） 167
マンハイム，カール（Karl Mannheim, 1893～1947） 148
ミーゼス，ルードヴィッヒ・V（Ludwig Heinrich Edler von Mises, 1881～1973） 27
宮沢俊義（1899～1976） 135
ミュルダール，カール・G（Karl Gunnar Myrdal, 1898～1987） 59
三好春樹（1950～） 63

ミル，ジョン・S（John Stuart Mill, 1806～1873） 27
モア，トマス（Sir Thomas More, 1478～1535） 42, 44
森戸辰男（1888～1984） 133
森村進（1955～） 206

ヤ行

山田昌弘（1957～） 5
山本宣治（1889～1929） 61
ヤング，アイリス・M（Iris Marion Young, 1949～2006） 142, 182
吉崎祥司（1945～） 57, 226
依光良馨（1912～2007） 225

ラ行

ライシュ，ロバート・B（Robert Bernard Reich, 1946～） 17
ラスキ，ハロルド・J（Harold Joseph Laski, 1893～1950） 59
リース，ジョン（John Collwyn Rees, 1919～1980） 87, 229
ルキャッシュ，フランク・S（Frank S. Lucash, 1938～） 125
ルクセンブルグ，ローザ（Rosa Luxemburg, 1870～1919） 58
ルソー，ジャン=ジャック（Jean-Jacques Rousseau,1712～1778） 9, 46-48, 90, 108, 146, 175
ルミュー，ピエール（Pierre Lemieux, 1947～） 15
レイ，ダグラス（Douglas Rae, 1944～） v, 109, 111, 123, 129, 199, 223, 224, 227-229
レーニン，ウラジミール・イリイッチ（Vladimir Ilyich Lenin［Влалимир Ильич Ленин］, 1870～1924） 58, 226
レーマー，ジョン・E（John E. Roemer, 1945～） 198-202, 204
ロスバード，マレー・N（Murray Newton Rothbard, 1926～1995） 15
ローズヴェルト，セオドア（Theodore D. Roosevelt, 1858～1919） 59
ロック，ジョン（John Locke, 1632～1704） 42-46, 49, 78, 145, 146, 149, 152
ロールズ，ジョン（John Bordley Rawls, 1921～2002） vi, 57, 63-66, 69, 119, 157, 158, 168, 173-175, 178, 180, 182, 191-193, 198, 204, 214, 215

ワ行

渡辺憲正（1948～） 5

事項索引

ア行

カ行

サ行

タ行

ナ行

ハ行

マ行

ヤ行

ラ行

ワ行

竹内章郎（たけうち・あきろう）

1954年神戸市生まれ。岐阜県立岐阜高等学校卒業，一橋大学社会学部卒業。一橋大学大学院社会学研究科博士課程単位修得退学。岐阜大学教養部講師・助教授を経て，現在，岐阜大学地域科学部教授
著書：『「弱者」の哲学』（大月書店，1993年），『現代平等論ガイド』（青木書店，1999年），『平等論哲学への道程』（2001年，青木書店），『いのちの平等論――現代の優生思想に抗して』（岩波書店，2005年），『哲学塾　新自由主義の嘘』（岩波書店，2007年）ほか多数。

平等の哲学――新しい福祉思想の扉をひらく

2010年5月20日　第1刷発行
2018年9月25日　第3刷発行

定価はカバーに表示してあります

著　者©　竹内章郎
発行者　中川　進

〒113-0033　東京都文京区本郷2-27-16

発行所　株式会社　大月書店

印刷　三陽社
製本　ブロケード

電話（代表）03-3813-4651　FAX 03-3813-4656　振替 00130-7-16387
http://www.otsukishoten.co.jp/

ISBN978-4-272-43085-7　C0010